Heinrich Tessenow

Heinrich Tessenow

Ich verfolgte bestimmte Gedanken …

Dorf, Stadt, Großstadt - was nun?

herausgegeben von Otto Kindt

THOMAS HELMS VERLAG • SCHWERIN

Die Deutsche Bibliothek - CIP-Einheitsaufnahme

Tessenow, Heinrich:
Ich verfolgte bestimmte Gedanken… : Dorf, Stadt, Grossstadt
- was nun? / Heinrich Tessenow. Hrsg. von Otto Kindt. -
Schwerin : Helms, 1996
ISBN 3-931185-17-6
NE: Kindt, Otto [Hrsg.]

Der Druck dieser Publikation
wurde durch die freundliche Unterstützung des
Deutschen Werkbundes Sachsen e.V.
ermöglicht.

© THOMAS HELMS VERLAG • SCHWERIN
Wallstraße 46, D-19053 Schwerin
Fax 0385-564273
Alle Rechte vorbehalten
Druck: Rügen-Druck Putbus
Binden: S. R. Büge, Celle

ISBN 3-931185-17-6

Inhalt

Vorwort

HEINRICH TESSENOW, 1876 - 1950, war einer der erfolgreichen und einflußreichen europäischen Architekten der ersten Hälfte des 20. Jahrhunderts. Allgemein bekannt von seinen Arbeiten sind u.a.: das Preußische Ehrenmal in der Schinkelschen Wache Unter den Linden in Berlin, 1930, Wohnbauten der ersten deutschen Gartenstadt Hellerau bei Dresden um 1910, das Festhaus dieser Gartenstadt 1912, die Reformschule Klotzsche 1926/27 und die Heinrich-Schütz-Schule in Kassel 1928/30. Auch als Buchautor ist er Vielen ein Begriff.

Oft hat Heinrich Tessenow angedeutet, daß das »Schreiben« ihm schwerfalle, daß es ihm leichter sei, das, was er zu sagen habe, durch Zeichnungen und Bauten auszudrücken. Seine schriftlichen Arbeiten können aber als gleichberechtigt neben diese gestellt werden, sie gehören zum Gesamtwerk.

Heinrich Tessenow entstammte einer alten Mecklenburger Bauern- und Handwerkerfamilie. Er verkörperte aufs Schönste den Urwert solch alter Familien, denen ein starker Sinn für die Natur, das allgemein Natürliche, das Selbstverständlich-Einfache zu eigen ist und die sich an das Schicksalhafte gebunden fühlen. Hier wurzeln die Grundlagen für sein einfaches, gründliches, immer das Sichtbare und Unsichtbare, das Wirkliche und Geistige gleichzeitig umfassende Denken, dem er in seinen Bauten die äußere Form gab. Von Beginn seiner Tätigkeit an ist er sich bewußt, daß die »Haus- und Architekturbilder immer den Geistes- oder Seelenzustand jeder einzelnen Kulturwelt widerspiegeln«, und dieses Wissen und seine Deutung hat er stets als eine

Verpflichtung für sich selbst betrachtet. Es hat sein gesamtes Schaffen geprägt und damit zu einer nur selten anzutreffenden Übereinstimmung von Mensch und Werk geführt.

Seit er in die Welt des Bauens eingetreten war fühlte er, daß er in der Zeit einer allgemeinen krisenhaften Wende lebte und der kritische Blick auf die Bauwelt öffnete ihm die Augen für das Geschehen in der Welt. Er ist sich deshalb schon früh darüber im Klaren, daß es zu den besonderen Aufgaben des Architekten und darüber hinaus zu denen jedes einzelnen Menschen gehört, den »Formen und ihren Wandlungen in der Welt« sehr andächtig gegenüber zu sein. Er hält es für notwendig, ihren Ursachen nachzuspüren, um ihren Sinn und ihr Wirken erkennen und ihnen auf rechte Art begegnen zu können. In all seinen Büchern - selbst in dem ersten von 1909 - finden sich Beispiele dafür, wie vor seinem geistigen Auge Vergangenes und Zukünftiges erscheinen, wie die sichtbaren Formen gedeutet und mit dem Leben der Großgemeinschaft verbunden werden.

Im Nachlaß Heinrich Tessenows - heute im Besitz der Kunstbibliothek der Staatlichen Museen zu Berlin/Stiftung Preußischer Kulturbesitz Berlin - fanden sich neben den Zeichnungen eine Reihe von Heften mit Notizen, einzelnen Gedanken, Aufsätzen und Vorlagen für Vorträge. Sie beginnen in den 20er Jahren, sind bis zum Tode weitergeführt und können als Fortsetzung seiner Schriften angesehen werden. Aus ihnen läßt sich erkennen, daß Heinrich Tessenow Europa immer als eine geistige Einheit sah, eine Einheit, um die sich auch die verschiedenen Bewegungen in Hellerau zu der Zeit seiner Tätigkeit dort schon so sehr bemüht hatten; es ist weiterhin erkennbar, daß seine Meinung, dieses Europa lebe seit langem in einer krisenhaften Wende, sich zunehmend verstärkte. Die damit zusammenhängenden Fragen - seien es das Betrachten des allgemeinen Ablaufs von Kulturperioden oder das der besonderen Kulturerscheinungen Europas - werden in den Niederschriften immer wieder von verschiedenen Gegebenheiten aus-

gehend dargestellt, verworfen, anders gesehen, neu dargestellt, und so fort. Es ist ein Hinhorchen in die Zeit mit der
stetigen, untergründigen Frage: »Wohin gehen wir, auf welchen Straßen wandern wir«; es ist ein unablässiges Ringen
um Erkenntnis, wobei das Europa seit der Renaissance eine
besondere Rolle spielt. Aus der Art des Formulierens und
sogar aus der vorsichtigen Wahl einzelner Worte ist ersicht-
lich, daß Heinrich Tessenow selbst sich beim Verfolgen
seiner Gedanken im Klaren war, in einer Zeit der Wende
keine eindeutigen Aussagen über das Geschehen oder gar
das Zukünftige machen zu können.
Der Herausgeber des Vorliegenden hat bereits in »Heinrich
Tessenow. Geschriebenes« (Bauwelt Fundamente 61, 1992)
Texte und Einzelgedanken aus den nachgelassenen Schriften veröffentlicht. Bei dieser Arbeit wurde ihm klar, daß es
allgemein wünschenswert sein könne, eine zusammenhän-
gende Darstellung des Denkens von Heinrich Tessenow
über Europa zu haben, um so mehr als diesem selbst, nach-
weisbar, bei seinem Schreiben ein Text mit dem Titel
»Europäischer Städtebau« vorschwebte. Diese Darstellung ist
im Folgenden mit einer Zusammenfassung der in den Heften verstreuten verschiedenen Gedankengänge über dieses Thema versucht. Aus verwandten Gedanken wurden
Kapitel gebildet, die für sich und als Folge zu lesen sind.
Mit Recht kann angenommen werden, daß das Ergebnis
eine persönliche Note des Herausgebers bekommen hat
und daß andere Zusammenstellungen möglich sind. Heinrich Tessenows Überlegungen führten fast immer zu mehr-
fachen Fassungen der Gedanken und wurden meist nur im
»Unreinen« festgehalten. All das machte eine Auswahl notwendig.

Hamburg, im Mai 1996   Otto Kindt

Einleitende Bemerkungen

Mit den nachfolgenden Betrachtungen ging es mir, wie es uns Menschen so oft geht: Ich verfolgte bestimmte Gedanken, die mich vor allem beruflich als Baumeister interessierten, die mich dann aber mehr und mehr zu allgemeinen Kulturbetrachtungen führten. Die vorliegende Arbeit wurde so viel weitläufiger als sie werden sollte. Soweit sie die Fragen klärt, die ich zu beantworten bemüht war, werden diese viel indirekter beantwortet als ich anfangs glaubte, sie beantworten zu können. Diese Fragen sind im besonderen Wohnungsbau- und Siedlungsbaufragen. Sie scheinen mir seit Jahrzehnten die wichtigsten Baufragen zu sein, so daß ich mich um deren Beantwortung auch schon jahrzehntelang bemühte. Die Bemühungen überzeugten mich sehr bald, daß die entscheidenden Fragen unserer heutigen Wohnungs- und Siedlungsbau-Praxis sich überhaupt nicht als speziell berufliche sondern nur als allgemeinste Lebens- oder Kulturfragen förderlich beantworten lassen.
Wohnungs- und Siedlungsfragen gelten in jedem Kulturzustand als lebenswichtigste Fragen. Sie betonen sich immer um so mehr, je mehr uns Menschen überhaupt ernste Lebensfragen bedrängen; sie aber bedrängen und beunruhigen die Menschheit heute wohl

11

mehr als je, ganz gleich von welchen Gesichtspunkten oder Zuständen aus wir Menschen zu solchen Betrachtungen kommen.

Es gibt nur wenige Dinge, die den besonderen Geistes- oder Seelenzustand jeglicher einzelnen Kulturwelt ähnlich gut widerspiegeln, wie das die zugehörigen Haus- oder Architekturbilder tun, auch wenn sie weitaus in erster Linie nur allgemeine oder nur sehr generelle Wesenszüge widerspiegeln. Und so gelten sie auch wohl immer schon, wo es auf ein rechtes Verstehen der einzelnen Kulturwelten ankam, als deren wichtigste Kennzeichen.

Deshalb ist es sehr selbstverständlich, wird im allgemeinen aber doch so wenig beachtet, wie es selbstverständlich ist, daß jede einzelne Kulturwelt in dem gleichen Maße, in dem sich ihre Anschauungen, ihre geistigen und seelischen Zustände verändern, vor allem auch ihre Siedlungsform verändert. Eine Kulturwelt mit betont dörflichen Siedlungen ist ihrer ganzen Lebensart nach sehr viel anders als eine Kultur, die betont städtisch siedelt, und diese wieder muß sich geistig und seelisch weitgehend wandeln, um großstädtisch siedeln zu können. Diese Tatsache ist nun zwar - zum Beispiel auch etwa im Hinblick auf die Kulturwelt des nachmittelalterlichen Europa - dadurch sehr verschleiert, daß die einzelne Kulturwelt, so eigenartig sie auch sein mag, nie in dem Maße einheitlich denkt, empfindet und strebt, nie in dem Maße einheitlich für oder gegen bestimmte Erscheinungen oder Zustände interessiert ist, daß sie überhaupt nur die eine oder die andere Siedlungsart bejahen würde. *Jede* Kultur neigt immer dazu, gleichzeitig die verschiedensten Siedlungsarten gelten zu lassen, aber weiß doch auch, daß nur eine einzige die führende Stellung in der jeweiligen Kulturwelt innehat und diese auch betont.

Als Europa noch keine Großstädte besaß, hatte es Städte, sogenannte Kleinstädte, und Dörfer, und als es noch keine Städte besaß, da hatte es nur Dörfer und noch hin und wieder einsame Haus- oder »Hof«-Anlagen. Heute nun hat Europa nach einer etwa reichlich dreitausendjährigen Entwicklungsgeschichte diese verschiedenartigen Siedlungen: Großstadt, Kleinstadt, Dorf und Einsiedlung in einem selbstverständlichen Neben- und Durcheinander. Diese Tatsache ist für das große Ganze des heutigen europäischen Lebens und Treibens zweifellos von unmittelbar größter Bedeutung.

Es mag fraglich sein, ob Europa besser oder übler, mächtiger oder schwächer sein würde, ob es mehr lachen oder mehr weinen würde, usw., wenn seine Siedlungswelt anders wäre als sie ist; aber gewiß ist sie nicht nur für die äußere Lebensführung sondern vor allem auch für die geistigen und seelischen Zustände des heutigen Europa in einem hohen Maße mitbestimmend. Dies etwa leugnen zu wollen, wäre gleichbedeutend mit der Behauptung, daß die materielle Umwelt des Menschen auf Geist und Seele überhaupt keinen Einfluß habe. So schwer oder unmöglich es auch sein mag zu beweisen, inwieweit die inneren Bewegungen menschlicher Lebenswelten durch die gegebenen äußeren Lebensbilder mitbestimmt werden, so ist doch sicher, daß zwischen diesen und jenen immer ein lebendiges, einflußreiches Hin und

Her besteht. Und so besteht dieses Hin und Her auch zwischen der »inneren« Haltung, dem »inneren« Zustande des heutigen Europa und seiner Siedlungsart.

Es scheint zwar, als ob alle Kulturen gerade dort, wo sie in einer Wende standen, der Zukunft gegenüber selten kurzsichtig gewesen wären und so sind wir heute vermutlich nicht weitsichtiger; und so viel es sich auch empfehlen mag, unsere Voraussicht nicht zu überwerten, so hilft uns ein rechtes Nachdenken doch, denn lebendige, menschliche Fragen sind immer derart, daß sie sich zwar nicht so ohne weiteres, aber schließlich doch immer verständlich beantworten lassen.

Menschliche und
gemeinschaftliche Lebenswelten

Es ist nicht üblich, und wir Menschen sind im allgemeinen nicht geübt, das Menschenleben als eine Art Spiegelbild der gesamten großgemeinschaftlichen Lebenswelten oder Kultur zu betrachten. Es liegt uns im allgemeinen viel näher, die einzelnen Lebensgemeinschaften der einzelnen Völker und Staaten als mehr oder weniger fest umgrenzte Lebenswelten zu deuten und anzunehmen, daß diese mit der Menschheit, der gesamten menschlichen Kultur, meist überhaupt nichts oder nur sehr bedingt etwas zu tun haben.

Es gibt zwar kaum irgendwelche ernsteren Lebensbetrachtungen, mit denen nicht immer schon darauf hingewiesen wäre, daß die einzelnen, etwa die einzelnen persönlichen Lebenswelten, mit den großen und größten Lebenswelten und also auch mit der gesamten Menschheit und der menschlichen Kultur parallel verlaufen und deren Verlauf bedeutsam widerspiegeln. Aber solche Deutungen galten und gelten ganz allgemein nicht viel; sie scheinen immer wieder Tatsachen zu widersprechen, zum Beispiel der, daß die großen Gemeinschaften, etwa die einzelnen Völker, eine Vielheit verschiedenster Gemeinschaften und auch verschiedenartigster Menschen sind und daß sich

dementsprechend hier wie dort zwangsläufig verschie-
denartigste Lebensgesetze und Lebensformen ergeben.
Schon die einzelnen Menschen sind dermaßen verschiedenartig, daß es - obenhin gesehen - immer ein
reiner Unsinn zu sein scheint, an eine kulturweltliche
Einheit glauben zu wollen.
Gewiß: Die einzelne Lebensperiode, wie überhaupt
der ganze Lebensweg des persönlichen Menschen, ist
viel kürzer als die einzelnen Perioden und ganzen
Lebenswege großer Gemeinschaftswelten, und ganz
abgesehen von der Vielzahl ihrer Menschen bekommen deren einzelne Entwicklungsperioden während
ihrer Dauer immer einen unvergleichlich viel reicheren und vieldeutigeren Ausdruck als die Lebensperiode des einzelnen Menschen. All dies erschwert
es ganz außerordentlich, in dem Leben des einzelnen
Menschen so etwas wie das Spiegelbild einer großgemeinschaftlichen Lebenswelt zu erkennen. Und
doch ist dies gegeben und mit ihm nicht nur das
Spiegelbild jeder großgemeinschaftlichen Lebenswelt
sondern das der gesamten Menschheit.

In jeder menschlichen Lebenswelt sind - zwar nicht
immer ohne weiteres erkennbar aber doch tatsächlich - schon von allem Anfang an *alle* menschlichen
Eigenheiten aller Lebensstufen lebendig und bleiben
immer in ihr lebendig. Der einzelne Mensch, mag er
so alt sein wie er will, ist doch immer, auch wenn er
schon weit über seine eigene Kindheit hinaus ist, *auch*
noch kindlich, so wie andererseits selbst das Baby,
aufmerksam betrachtet, *auch* schon etwas Greisiges
hat. Es gibt keine menschlichen Eigenheiten, die nicht

in jedem Menschen lebten, sie sind nicht alle in jedem Menschen gleich lebendig, auch betont er sie seinen verschiedenen Lebenszuständen - etwa seinem Alter - nach sehr verschieden und viele bleiben dauernd nur latent in ihm.

Die Eigenheiten, die der Mensch während seiner frühen Kindheit *betont*, sind anders als die, die seine reifere Kindheit charakterisieren und sind auch wieder anders als die, die ihm nach seiner eigentlichen Kindheit als »jugendlichem« Menschen besonders eigen sind. Und so immer weiter. Der einzelne Mensch ist auch deshalb nicht kindlich oder jugendlich usw., weil er als Kind oder als Jugendlicher ganz anders ist oder sein will als in einer anderen seiner Entwicklungsperioden, sondern weil er in diesen Perioden die Eigenschaften der anderen nicht mehr oder noch nicht betont.

Zum Beispiel: Er erweist sich als Jugendlicher in gewissen Situationen und in gewissen Stunden *auch noch* als kindlich und *auch schon* als gereifter und - wenn auch vielleicht selten - als alter Mensch, aber er ist das doch immer nur ganz nebenbei, während er in erster Linie als Jugendlicher nur seine speziellen jugendlichen Eigenheiten geltend zu machen sucht. Er *ist* immerfort auch ein kleines Kind und *auch* ein gereifter, *auch* ein alter Mensch, nur als Jugendlicher ist ihm eben das Jugendliche zuerst oder sogar allein wichtig. Der Mensch *betont* in seinen verschiedenen Lebensperioden nur die Eigenheiten, die eben für diese Perioden kennzeichnend sind, besonders stark.

Das gilt auch von der gesamten Menschenwelt und der menschlichen Kultur: Sie hat heute die gleichen

Eigenschaften, die sie immer schon hatte und noch haben wird, wenn sie einmal endet. Aber es gilt auch von ihr, daß sie *heute* wesentlich andere Eigenheiten *betont,* als sie je vorauf betonte und je wieder betonen wird. Und so wie unsere persönlichen Lebenswelten unseren persönlichen Eigenheiten meist mehr entsprechen und sie mehr oder besser zum Ausdruck bringen, als wir das im allgemeinen wissen oder erkennen, so entsprechen auch unsere großgemeinschaftlichen Lebenswelten und dergleichen, meist mehr als wir das wissen, unseren großgemeinschaftlichen Anschauungen und Bestrebungen.

Es ist jeder Kulturwelt durchaus natürlich, gleichzeitig frühkindlich, kindlich, jugendlich und greisenhaft zu sein und sein zu wollen. Es ist ihr das so natürlich, wie alle menschlichen Eigenheiten in ihr in reichem Maße die persönlichen Vertreter haben; sie wird nie nach *einer* Richtung hin völlig *eindeutig* sein. Für die einzelne Kulturwelt ist es nie entscheidend, wie sie *auch* ist, sondern wie sie dem großen Ganzen nach ist. Sie wird sich ihren verschiedenen Lebensperioden nach sehr verschiedenartig - als frühkindlich, kindlich, jugendlich und so fort - betonen und naturgesetzlich betonen *müssen,* um überhaupt starke Entwicklungen haben zu können.

Die verschiedenartigen Siedlungswelten: Dorf, Kleinstadt und Großstadt, als große, deutliche Zeichen der bisherigen Lebens- und Entwicklungsperioden der menschlichen Kultur, spiegeln diese Folge innerhalb von Lebenswelten eindeutig. Dabei zeigt sich, daß eine Kulturwelt nicht dörflich, nicht städtisch und nicht großstädtisch ist, weil sie *auch* Dörfliches, *auch*

Städtisches oder *auch* Großstädtisches hat; *jede* Kulturwelt ist *immer* sowohl dörflich wie auch städtisch und auch großstädtisch. Selbst in der dörflich eigensinnigsten Dörflichkeit sind Anschauungen, Gedanken, Bestrebungen und auch Kulturformen lebendig, die - recht besehen - allem Dörflichen entgegengesetzt, rein städtischer und auch rein großstädtischer Art sind; andererseits wieder ist selbst im potenziert Großstädtischen *auch* echtes Kleinstädtisches und Dörfliches lebendig.

In diesem Sinne hat jede einzelne menschliche Lebenswelt immer unmittelbar Teil an allem, was menschlich oder kulturell wesentlich ist. Sie hat aber doch auch immer ihr persönlich eigenes Wesen, das sich dadurch kennzeichnet, daß sie eine spezielle Wesensseite des Menschlichen betont.

Die bestimmte Reihenfolge der verschiedenen Kulturwelten oder Teilwelten innerhalb einer umfassenden Gemeinschaftswelt entspricht der Tatsache, daß auch die menschlich persönliche Lebenswelt sich immer nur in einer vorbestimmten Lebensbahn entwickeln kann. Die Teile folgen einander nicht glattweg sondern in mehr oder weniger gekennzeichneten Absätzen und betonen sich da, wo sie beginnen und enden, verhältnismäßig deutlich. Sie betonen sich zuerst dort, wo der Mensch das Vorgeburtliche beendet und »geboren« wird, danach, wo das Baby beginnt, sich »auf die eigenen Beine zu stellen« und später, wo die ganz überwiegend naturgegebene, triebhafte Entwicklung, die »tiefe Unschuld« des ungefähr dreijährigen Kindes endet und weiterhin, wo die betonte Pubertätsentwicklung des ungefähr 12 - 15jährigen Kindes einsetzt. Über die reifere Kindheit hinaus kommt der Mensch dann in den eigenartigen Jugendzustand, in dem er überreif und doch *nicht* erwachsen ist. Dann hat er im allgemeinen - zwiespältiger und unruhiger, mit sich selbst und mit aller Welt unzufriedener als je vorauf und je wieder im späteren Leben - meist ernst zu kämpfen, um das zu werden, was wir unter einem »edlen« Menschen verstehen.

Für den Menschen ist es - so quälend auch die Pubertät etwa zwischen der Kindheit und der Nachkindheit sein mag - immer noch verhältnismäßig leicht, die eigentliche Kindheit aufzugeben, sie zu überwinden, um nachkindheitlich-jugendlich zu werden, während später die tiefinnerliche, naturgesetzliche Aufgabe, von dem eigentlich Jugendlichen in das Nach-Jugendliche, in das wesentlich Väterliche oder Mütterliche zu reifen, unendlich viel schwerer zu lösen ist.

Entsprechend diesen menschlich persönlichen Lebenswelten müssen die Gemeinschafts- oder Kulturwelten betrachtet werden. Auch die Entwicklung jeder einzelnen Kulturwelt führt in größeren Entwicklungsabständen immer wieder zu Anfängen neuer Entwicklungsperioden, mithin zu Entwicklungskrisen, die - wie bei den einzelnen Menschen - immer umso ernster und lebensgefährlicher sind, je lebendiger die Entwicklungen waren, die zu solchen Krisen führten. Die Tatsache des Werdens und Seins und Ablaufens der einzelnen Perioden liegt - als naturgegeben oder als naturgesetzlich - außerhalb unserer menschlichen Macht. Wir können alles immer nur den zeitlich besonderen Aufgaben, Schwächen und Vorzügen, Gefahren und Möglichkeiten nach verschiedenartig verstehen und berücksichtigen; aber wir haben gegen solche natürlichen Wandlungen so wenig in der Hand, wie wir auch nicht dagegen sein können, daß wir täglich älter werden. Die Lebenswelten, die persönlichen wie die großgemeinschaftlichen, können und sollen wohl so sein, daß in ihren Teilwelten das Frühkindliche und das reifere Kindheitliche, das frühe Jugendliche und das Nachjugendliche, das Gereifte und das Hochreife, das Alte und das Gealterte ein einheitlich harmonisches Miteinander bilden. Aber sie können und wollen wohl auch nicht vermeiden, daß sie sich als unendlich unterschiedlich gliedern und sich diese Gliederung betonend ausdrückt.

Das Streben nach diesem Einerseits-Andererseits, nach diesem unendlichen Gliedern oder Teilen und himmlischem Verbinden war immer und ist nach wie vor auch heute noch in der Welt sehr lebendig. Es hatte bisher aber immer nur geringe Erfolge und hatte sie auch nur unter besonders glücklichen Umständen, so daß hier auch zukünftig kaum mit größeren Erfolgen gerechnet werden kann.

Reiche Gliederungen und damit Verschiedenheiten der menschlichen Lebenswelten sind durch ihre natürlichen Lebensentwicklungen gegeben. Die *menschliche Aufgabe* besteht darin, das harmonisch Verbindliche hoch zu *kultivieren*. Das zu erreichen ist jedoch unendlich schwer, wenn die naturgegebenen Gliederungen voll berücksichtigt und ihnen weitgehend entsprochen werden soll; es ist aber sehr leicht zu erreichen, wenn diese beliebig ignoriert werden. Die Welt tut das immer und überall gerne, wo sie unschöpferisch, dem großen Ganzen nach nur grob oder überhaupt nichts gestalten kann. Jedenfalls: So viel und ernst die einzelnen menschlichen Lebenswelten sich auch immer bemüht haben mögen, reich gegliedert und doch auch einheitlich harmonisch zu sein, hinderte sie das noch nie - und sehen sie sich auch heute nicht behindert -, bestimmte Anschauungen, Gedankenbahnen, bestimmte menschliche Eigenheiten und dergleichen besonders zu bevorzugen, führend zu betonen und zu verherrlichen und sogar zu vergöttern.

Das unendlich Verschiedenartige der menschlichen Lebenswelten widerspricht nicht der Tatsache, daß sie auch einheitlich sind; sie folgen verschiedenartigsten Gesetzen, unterstehen aber doch auch gleichen menschheitsgültigen Lebensgesetzen und wären dies auch nur unmittelbar naturgegebene Gesetze, etwa das Gesetz, nach dem alle menschlichen Lebenswelten - ob sie wollen oder nicht - ununterbrochen und unabänderlich älter werden.

Die unendliche Verschiedenartigkeit der menschlichen Lebenswelten, die sie kurzenwegs immer wieder von einer Entwicklungskrise in die andere führt, beweist nur, daß sie bisher noch nicht vermochten, ihr Verhältnis zu allem Gleichartigen, das sie miteinander zu einer großen menschlichen Einheit verbindet, gut ausdrücken zu können. Sie konnten es einfach deshalb nicht, weil alle Lebenswelten miteinander noch der Frühgeschichte der menschlichen Kultur angehören.

Die Siedlungsformen:
Dorf, Kleinstadt und Großstadt

Die Dörfer und die Städte sind heute, wie in frühester Geschichte, ganz zuerst Ausdruck großgesellschaftlicher Anschauungen und bestimmter großgesellschaftlicher Lebenszustände; wird ihnen nachgegangen, erklärt sich alles Werden der Dörfer und der Städte, ganz gleich, ob es sich um ihr heutiges oder früheres oder frühestes Werden handelt. Dabei wird klar, daß die Entwicklungen der menschlichen Siedlungen unvergleichlich viel mehr mit tief *innerlichen* und darum auch mit weitgehend unbegreiflichen, unbewußten und unwissentlichen als mit oberflächlich gültigen Anschauungen, Bestrebungen und Glaubenssätzen zu tun haben.

Es kann als sicher angenommen werden, daß die Menschheit im Verlaufe der wahrscheinlich jahrtausendelangen Vorgeschichte aller menschlichen Kultur, im Verlaufe eines endlosen, ungefähr rein triebhaften Umherirrens in urwüchsigen Naturwelten schließlich dahin kam, solches Umherirren innerlich zunehmend unruhiger zu verneinen und damit wesentlich andere als rein naturgegebene Lebensräume zu erstreben, was auch heißt, sich von anfänglichen, urwüchsigen Naturbindungen zu befreien und zu suchen, *eigenen* Sinnes die Erde menschheitlich zu gestalten. Es kann weiterhin als sicher angenommen werden, daß es viele handgreifliche Anzeichen dieses eigentlichen, unruhigen Anfangs gegeben hat, so wenig diese Zeichen heute zu beweisen sein mögen.

Wir wissen nicht, wann die Menschheit begann, wie wir auch nicht wissen, wann sie enden wird. Das eine wie das andere zeigt in Fernen, die unbegreiflich sind. Ihr Beginnen und Enden gibt es für menschliches Verstehen überhaupt nicht, reicht weit über menschliches Verstehen hinaus, wie auch das Beginnen und Enden des menschlichen persönlichen Lebens weit darüber hinausreicht.

Wir können nicht feststellen, von wann ab es Dörfer gab, und das Dörfliche ist nicht geradeaus mit dem ersten Beginn menschlicher Kultur gleichzusetzen; jedenfalls aber kann ihr erstes Werden doch als der eigentliche Anfang aller menschlichen Kultur gelten. Dieses erste Werden der Dörfer ist nicht denkbar ohne vorauszusetzen, daß mit ihm gleichzeitig gemeinschaftsgültige Lebensanschauungen, allgemein gültige Lebensgesetze, Lebensformen und Gesellschaftsordnungen als betont wichtig angesehen, stabilisiert und kultiviert wurden. Mit dem Werden der Dörfer bildeten sich menschliche Lebens- oder *Gemeinschaftswelten*, die in allen Hinsichten auch heute noch volle Geltung haben. Die Menschheit begann sehr viel anders zu sein, als sie vorauf immer war; mit den Dörfern begann sie, sich im Besonderen auch der Natur gegenüber sehr ausdrücklich so zu verhalten, wie sie sich auch heute noch allem Wesentlichen nach der Natur gegenüber verhält.

Die Dörfer bilden so etwas wie die Urform jeder

Gemeinschaftssiedlung und sind ein bester Beweis für die Lebenskraft aller menschenweltlichen *Grundformen*. Sie stehen allem menschheitlich Anfänglichen, Kindlichen oder Ursprünglichen besonders nahe, viel näher, als ihr alle nachdörflichen Welten stehen. Es ist ihnen - betont naturverbunden - wesentlich, daß sie zu diesem elementar Gegebenen, auch allem elementar Triebhaften, ein lebendiges Verhältnis haben.

Die dörfliche Lebenswelt ist für die menschliche Kultur das gleiche, was für das Leben des persönlichen Menschen seine frühe Kindheit ist; diese Welt bleibt - wenn auch vielleicht verschüttet - immer in ihm lebendig, so wie in der Menschheit das Dörfliche lebendig bleibt. Sie ist zutiefst gewiß auch allen anderen menschlichen Lebenswelten gleich, aber in ihr dominieren, regieren, *betonen* sich andere menschliche Eigenheiten als in allen nichtdörflichen, besonders in allen städtischen Lebenswelten.

Das frühe Kind erfühlt die Worte der Mutter viel mehr, als es sie versteht; es hört aus ihnen viel *mehr* und viel *weniger*, als sie besagen. Analog deutet das Dorf die Natur - oder die Welt - vor allem gefühlsmäßig. Es hört und sieht im Flüstern und Lächeln, im Drohen und Schweigen der Natur »gute« und »böse« Geister; es erfühlt viel mehr und viel weniger, als verständlich faßbar ist; es hat zu allem Gespenstischen der Natur ein viel lebendigeres und quälenderes, zu ihrem Strahlen und Lachen und Lächeln ein viel beglückenderes Verhältnis als »vernünftig« ist. Ob vernünftig oder nicht ist für das Dorf nebensächlich. So wie die Welt des frühen Kindes durch seine Geburt, durch seine Natur, durch sein Schicksal gegeben oder bestimmt ist, so ist auch für die dörfliche Welt eindeutig entscheidend, ob und wie weit sie glücklicher Natur ist.

In den dörflichen Lebenswelten regieren Denken und Verstehen viel weniger als Empfinden und unmittelbar triebhaftes Leben; sie sind dem Denken und Verstehen nicht ohne weiteres feindlich, sind ihm aber immer abgeneigt, haben jedenfalls mit tiefem Denken und Verstehen sehr wenig zu tun; ihre »Tiefen« sind nicht nur - wie alle menschenweltlichen »Tiefen« - dem Gefühlsleben zugehörig sondern bleiben ihm ungeklärt oder unklar immer unmittelbar verbunden oder »hörig«. Sie haben zum Freiheitlichen im allgemeinen ein nur materialistisch-oberflächliches Verhältnis und sind meist wie im Zweifel, ob sie sich »innerlich« mehr befreien oder noch mehr binden sollen. Sie sind - im Gegensatz zu allen außerdörflichen Lebenswelten - betont »konservativ« und stehen allen Neuerungen meist *betont* ablehnend gegenüber.

Wie die Dorfwelten immer ihre eigenen Anschauungen, eine besondere dörfliche Geistigkeit haben, die sich voller Lebensängste und voller Mißtrauen gerne für sich abschließt und sich allen außerdörflichen Welten gegenüber gerne in engen Grenzen hält, haben die Dorfwelten, ihrer beengten Geistigkeit entsprechend, auch nur einen armen Ausdruck. Von den rein naturgegebenen Erscheinungen des Dorfes abgesehen ist seine Formenwelt verhältnismäßig klein. Seine Hausformen zum Beispiel sind sehr einförmig, und auch die Reihe wesensverschiedener Dorfanlagen der ganzen Welt würde heute nachweislich kaum nennenswert größer sein, als sie in frühester Dorfgeschichte bereits war.

Am treffendsten kennzeichnet seine Sprache wie klein der geistige Bezirk ist, in dem die Dorfwelten überall leben. Ihre Sprache ist an Vokabeln sehr arm; sie ist zwar meist reich an gefühlsbestimmten, klanglichen Modulationen, aber diese betonen sich deshalb so oft, weil im Dörfler das Empfinden immer besonders lebendig ist, so daß auch, wo ihm die Worte nicht ausreichen, das Gefühl sogleich bestimmt, zu modulieren und dadurch den sprachlichen Ausdruck zu bereichern.

Alle elementaren Lebensanschauungen, elementar menschlichen Lebensgesetze, Lebenswahrheiten oder auch Lebensformen sind - näher betrachtet - dörflichen Ursprungs und stehen dementsprechend auch nach wie vor in allen dörflichen Lebenswelten obenan. Dagegen ist ihnen alles Strittige, alles bedingt Richtige, alles Vieldeutige und Erklärungsbedürftige immer weitgehend zuwider.

Wie das *Fundament* des Hauses unmittelbar auf sogenannt »naturgewachsenem« Boden steht und ihm unmittelbar benachbart ist, ist auch das dörfliche Leben und Treiben als das Fundament menschlicher Kultur der rein naturgegebenen, vorgeschichtlichen Menschheit unmittelbar benachbart. Und so wie das Fundament des Hauses nur bis zu einer gewissen bescheidenen Höhe seiner Baumasse noch eigentliches Fundament ist, so ist auch das Dörfliche immer nur bis zu einer gewissen bescheidenen Kulturhöhe noch wirklich dörflich. Über diese Höhe hinaus beginnt alle Kultur zwangsläufig, sich gegen alles stark naturgebundene Leben und Treiben ausdrücklich zu wehren, sie beginnt anders als dörflich zu sein, so hoch sie im übrigen das Dörfliche auch werten mag. Die dörfliche Lebenswelt sieht sich dann plötzlich einer lebendigen, *willensstarken* Geistigkeit gegenüber, die allem eigentlich Dörflichen, allen betont dörflichen Anschauungen und Bestrebungen, Lebensgesetzen und Lebensformen widerspricht und solche erstrebt, die wesentlich anders als dörflich sind. So kann sich das Dorf über eine gewisse Kulturhöhe hinaus nur noch in das Städtische entwickeln, nicht, weil das Städtische das kulturell überhaupt Höhere ist, sondern weil jede Kultur mit einer bestimmten höheren Entwicklunsreife naturgesetzlich eine Wesensart betont, die der bestehenden weitgehend widerspricht.

Die dörfliche Kultur, als Heimat aller Kultur, wird aber auch für jede andere immer die eigenartige Anziehungskraft haben, die alles Eigentliche oder tief Heimatliche hat. In allen nichtdörflichen Kulturwelten ist jederzeit so etwas wie Heimweh nach dem Dörflichen oder - allgemeiner ausgedrückt - nach einem unmittelbar und stark *naturverbundenen* Leben und Treiben hin lebendig.

Soweit die Städte gelegentlich gerne der anfänglichsten Menschheitsgeschichte zugezählt werden, hat dies seinen Grund darin, daß die Zeugen - etwa die Bauwerke, Inschriften, Geräte und Ähnliches - frühgeschichtlicher untergegangener Kulturen meist viel mehr auf städtische als auf dörfliche Lebenswelten hinweisen.

Die Stadt - sie möge im Folgenden immer als »Kleinstadt« verstanden sein - kann als eine natürliche Folge gereifter, sehr entwicklungsfähiger dörflicher Kultur gelten. Städte entstanden immer dort, wo die Dörfer anfingen, sich selbst gegenüber kritisch zu werden und sich zu verneinen oder wo dies bereits gegeben war. Das früheste geschichtliche Werden der Städte kann zwar nicht als eine geradlinig fortsetzliche Entwicklung des Dorfes verstanden werden, wie auch die *reifere* Kindheit des Menschen nicht ohne weiteres eine Fortsetzung seiner frühen Kindheit ist. Aber es ist gut verständlich - soweit wir das Dorf als gegeben voraussetzen -, es für die Stadt als vorbedingt zu sehen wie die Blütenknospe für die Blüte.

Der Glaube des Menschen an seine eigene Macht und an die Möglichkeit, das eigene Leben selbst entscheidend gestalten zu können, beginnt sich lebendig zu entwickeln, wenn der Mensch kein »frühes« Kind mehr ist; dann erst beginnt das Fruchten des Verstandes, beginnt das Kind, *wissen* zu wollen, endlos zu fragen und anderes mehr, um - wenn auch noch völlig unbewußt - die naturgegebene Welt eigenwillig gestalten oder umbilden zu können.

Wesentlich anders als das *frühe* Kind, dem die Welt ist und bleibt, wie es sie sinnlich erkennt und deutet, sucht das *gereifte* Kind interessiert, sie immerfort schöpferisch zu gestalten oder umzubilden; es behandwerkert jeden Sandhaufen und jeden Wasserlauf, baut die unüberwindlichsten Burgen und Räuberhöhlen und ist immer handwerkender Phantast; die »guten« und »bösen« Geister von früher sind nun zu richtigen Hexen und Zauberern, Feen und Rittern geworden, wie überhaupt die ganze Welt zu einer Art Märchenland geworden ist. Das gereifte Kind nimmt die Welt so gut wie überhaupt nicht realistisch und ist dementsprechend auch immer der Natur weitgehend *entgegen*. Es ist immerfort dabei, die gegebene Welt umzubilden und das Unbegreifliche ins Handgreifliche zu führen.

Dieser Geist des reiferen und gereiften Kindes ist der Geist, der die Städte erbaut - wohlgemerkt *nicht* die Großstädte -, die, von den naturgebundenen Dörfern entfernt, immer sehr ausgesprochen Werke betont, eigenwillig handwerklichen Gestaltens sind und sich von Anfang an immer als Städte zu betonen suchen. Sie entstehen in aller Welt immer erst, wenn die Kultur nicht mehr frühkindheitlich nur der rein naturgegebenen Liebe zum Mütterlichen und Väterlichen folgt, sondern wenn sich mehr und mehr der Sinn für eigenwilliges Gestalten der naturgegebenen Welt entwickelt.

Die Früh-Städte, die vor den »Großstädten« waren, sind von Anfang an nie eigentlich naturgläubig sondern - entgegengesetzt - menschen- oder menschheitsgläubig, neigen immer dahin, sich gegen die Natur abzuschließen und die Natur und die Naturgesetze, denen die Kultur unabänderlich untersteht, zu verleugnen und zu vergewaltigen. In dieser Tatsache wurzelt alle besondere »Größe« aber auch alles spätere besondere »Versagen« dieser Städte. Sie können - die Städte der frühen Geschichte - immer erst werden, wenn die dörfliche Kultur in einem krisenhaften Hin und Her zwischen dem Glauben an die Natur und dem Glauben an menschliches Gestaltungsvermögen überwunden wird und der Glaube an den Menschen, an die Menschheit siegt. Der Glaube über die naturumsponnenen, weitgehend naturwüchsig gewordenen dörflichen Gemeinschaftswelten *hinaus,* der betonte Glaube an die *Menschheit,* an *Menschheitslehren,* ist jedem anfänglichen Werden der Städte identisch. Die Stadt hat einen lebendigeren Sinn für Gemeinschaft und Kulturleben, sie ist viel eindeutiger Gemeinschaftswelt als das Dorf.

So war auch in aller Welt jeder Städtebau seinem ersten praktischen Beginnen nach Kirchen- oder Tempelbau, war in erster Linie immer Ausdruck des Glaubens an Menschheitslehren, an der Menschheit Geist und nicht Ausdruck des Glaubens an irgendwelche Naturgeister. Dieser echt kindheitliche Geist - so unbegreiflich er auch immer sein mag - mußte ins bildhaft Begreifliche übertragen werden, zum Beispiel dem Christen als »Gottessohn« oder »Gottesmutter«. Und die Städte, durch und durch kindheitlich und durch und durch handwerklichen Geistes, erbauten dem Glauben »Gotteshäuser«, so märchenhaft phantastisch, so voller Himmel- und Höllenbilder, wie sie nur reifere kindheitliche Kultur schaffen konnte.

Aber so wie der Mensch naturgesetzlich nicht betont kindheitlich bleiben kann, so führen auch die Entwicklungen der Kultur naturgesetzlich über ihre frühe und ihre reife Kindheit hinaus in menschliche Lebenswelten, in denen zwar auch Frühkindheitlich-Dörfliches und gereift Kindheitlich-Kleinstädtisches lebendig bleiben, aber mit denen sich doch wesentlich andere Eigenschaften *betonen,* als sich vorauf immer betonten. Es entwickeln sich immer größere Städte, die mit kindheitlichem Geiste nur noch wenig zu tun haben und ihm nicht selten ausgesprochen feindlich sind.

Es gibt in der Geschichte kein Beispiel dafür, daß eine Kulturwelt ihre anfänglichen Siedlungen als Großstädte oder überhaupt als Städte erbaut hätte; schon der Gedanke, daß es einen solchen Fall einmal gegeben haben könnte, hat etwas Widersinniges: Ihr Beginn geht in der Welt immer auf ein Enden frühstädtischer oder kleinstädtischer Kulturen zurück. Er setzte immer ein, wenn eine spezielle Kulturart, die Europa »Mittelalter« nennt und die sich - ähnlich wie in Europa - in allen früheren entwicklungsreichen großen Kulturwelten deutlich begrenzt kennzeichnet, nicht mehr kulturführend blieb, wenn die während langer Jahrhunderte oder Jahrtausende geistig wie räumlich fest umgrenzten, in sich fest gebundenen und kulturell blühenden, bildreichen Gemeinschaftswelten, die *städtischen* Welten, endeten.

So wie das anfängliche Werden der Kleinstadt nicht einfach ein Vergrößern des Dorfes ist oder nicht so etwas wie eine geradlinige Entwicklung des Dorfes zeigt, bildet auch das anfängliche Werden der »Großstadt« nicht eine sich geradlinig fortsetzende Entwicklung oder Vergrößerung der Kleinstadt. Zwischen ihr und allem Werden der »Großstadt« liegt ein unruhiger Entwicklungsprozeß, *betont* sich eine krisenhafte *Wende,* findet ein unruhiger Kulturentwicklungsprozeß statt.

Die Großstädte folgen den Kleinstädten so gesetzmäßig wie der nachkindheitlich jugendliche Mensch gesetzmäßig seiner reiferen Kindheit Nachfolger ist. Und wie die eigentlichen Kindheitsjahre des Menschen wesentlich anderer Art sind wie seine nachkindheitlichen Jugendjahre, sind auch die Großstädte immer wesentlich anderer Art, als vorauf die Städte und die Dörfer waren. Die Städte kommen in ihrer Entwicklung in den wesentlich gleichen Zustand, in den auch der Mensch kommt, wo für ihn seine eigentliche Kindheit endet, wo ihm die elterliche Führung und das elterliche Haus allgemein zu wenig bedeuten und wo er unwiderstehlich »in die Welt hinaus«, den »*unbegrenzten* Möglichkeiten« zustrebt.

Es ist nicht die räumliche Größe, die das Wesen der Großstadt kennzeichnet; es gibt kleine Gemeinschaftssiedlungen, die - räumlich kaum größer als Dörfer - doch durch und durch großstädtischen Geistes sind, während andererseits räumlich große Städte ihrer ganzen Art nach nicht selten an kleinste Kleinstädte erinnern. Es ist in erster Linie ein besonderer Geisteszustand, der, wenn die ursprüngliche Stadt überlebt ist, zu einer neuen städtischen Siedlungsart führt, die sich von der voraufgegangenen durch ein Betonen des Glaubens an das Freiheitliche, das Ungebundene, das Unbegrenzte unterscheidet und wodurch sie die Führung erhält. Dieser *betonte* Glaube an Freiheit, an das Ungebundene, ist kein Kinderglaube, aber er ist auch nicht *hohen* oder *reifen* Geistes sondern ist ausgesprochen halbreifen oder *jugendlichen* Geistes; er gehört ganz zu dem, das halbrichtig, halbstark und halbgroßartig ist, von ihm aus ist es immer nur ein kurzer Weg in das völlig Ungebundene oder Gesetzlose.

Mit jeder Opposition gegen eine enge, begrenzte Führung wird jedoch auch immer mehr Weltraum und Weltgeist gefordert. Immer sind es rein geistige Bewegungen, die neue Welten bilden und so ist es auch bei dem Werden großstädtischer Welten der Fall. Und wie das Wesentliche menschlichen neuen Werdens äußerst selten als solches erkannt wird, weil es sich aus einem tiefinnerlichen, unwissentlichen Wollen weitgehend naturgesetzlich ergibt, wird auch das, was für das Werden und die Entwicklung der Großstadt immer das *Wesentliche* ist, weder von der Klein- noch von der Großstadt erkannt und gewertet.

Kulturwenden
und Entwicklungskrisen

Alle menschenweltlichen Entwicklungen führen periodenmäßig zu einem Übermaß unbeantworteter oder halbbeantworteter Fragen, zu Lebensspannungen und Widersprüchen, die sich zunehmend steigern, sie führen periodenmäßig zu Entwicklungskrisen. Diese bilden immer ein Enden oder eine ausdrückliche Richtungsänderung voraufgegangener Entwicklungsbahnen. Sie erscheinen früher oder später als unabänderlich, weil alle menschlichen Lebenswelten, alle Kulturwelten unablässig *älter* werden und so im Grunde allen festen Gesetzen widersprechen.

Hätten wir eine helle und umfassende Geschichte aller bisherigen menschlichen Kultur, wäre verhältnismäßig leicht erkennbar, daß fast jede untergegangene Kulturwelt im Verlaufe einer Entwicklungskrise, einer »Kulturwende«, zugrunde ging, wie - aufmerksam betrachtet - auch das menschlich-persönliche Leben größtenteils dort endet, wo es in einer Entwicklungskrise steht. Es würde sich weiterhin zeigen, daß viele kleine und größere geschichtliche Kulturwelten schon zugrunde gingen, als sie noch dörflich waren und daß es viele einzelne Kulturwelten gab, deren Entwicklungen zwar über das Nur-Dörfliche hinaus in das Städtische führten, die aber doch zugrunde gingen noch bevor sie großstädtisch wurden.

Wenn sich so in der früheren Weltgeschichte die Kleinstädte krisenhaft wandelten und mehr und mehr
dahin zielten, große Städte zu werden und auch, wenn
- in der Geschichte viel weiter zurückliegend - alle
menschlichen Lebenswelten betont dörflich waren
und im Verlauf ihrer Entwicklungen schließlich sehr
unruhig, krisenhaft Städte erbauten, ging es nicht um
krisenhafte Wandlungen der dörflichen und später der
kleinstädtischen Lebenswelten sondern um krisenhafte
Wandlungen der *gesamten* menschlichen Kultur. Diese Tatsache war dort nur sehr undeutlich, weil die
dörflichen und städtischen Lebenswelten *äußerlich*
nur wenig oder überhaupt nicht mit der gesamten
menschlichen Kultur verbunden waren.

Ernste Kulturkrisen bilden sich immer nur dort, wo
im Verlaufe stetiger ruhiger Entwicklungen die allgemein führenden Anschauungen und Bestrebungen,
die allgemein herrschenden Kulturzustände oder Kul-
turführungen zunehmend äußerlicher werden und
folglich allen tiefinnerlichen, allen *geistigen* Lebensbewegungen widersprechen, wo die Kultur weitgehend
ihr »Zuhause« verloren hat. Selbst hohe Kulturen können der Praxis ihrer geistigen Führung nach sehr
dumm und blind sein, sie kommen früher oder später
immer dahin, das Bestehende mehr oder weniger
doktrinär erhalten zu wollen und allem ausgesprochen
feindlich zu sein, das eine wesentliche Veränderung
des Bestehenden »befürchten« läßt.

In der Zeit einer Krise ist jede menschliche Lebenswelt, die menschlich-persönliche wie die großgemeinschaftliche, in sich selbst widerspruchsvoll, überspitzt
eigensinnig, unduldsam und ganz eigentlich »feind-

selig«. Sie sucht dann krankhaft betrieblich, fiebernd, kriegerisch das zu »erobern«, was sie in stiller Entwicklung nicht zu gestalten vermag. Sie stellt sich den dominierenden Anschauungen und Lehren, Ordnungen und Gesetzen zunehmend fragender entgegen, ist voller revolutionärer Spannungen, wird zunehmend unruhiger, gesetzloser und gewaltgläubiger und kämpft schließlich ungefähr gegen jede bestehende Kultur und ist gerade dort am meisten bemüht, sich selbst als hochwertig zu werten, wo sie am meisten versagt. Krisenhafte Lebenszustände, so wild bewegt sie immer sind, die fiebernd oben mit unten verwechseln und frühere strahlende Lebensbilder gern überhaupt verneinen, um dafür allerlei Niedriges und Dunkles zu verherrlichen, sind dem Glauben an eine Entwicklung der menschlichen Kultur sehr entgegen.

Jede Kulturwende ist - zunächst kaum erkennbar, dann aber rapide zunehmend - ein kulturweltliches Erkranken; ihr ist immer wesentlich, daß sich in ihr alles, was führend gedacht, gewollt und getan wird, zunehmend heftiger betont. Ihre allgemeinen Anschauungen und Glaubenssätze, Bestrebungen, Lebensformen, dinglichen Wandlungen usw., die jahrhundertelang weitgehend als sehr selbstverständlich galten und keiner besonderen Erklärungen oder Rechtfertigungen bedurften, beginnen dort schließlich nicht mehr einfach selbstverständlich zu sein, beginnen betont kritisches Denken, betont kritische Betrachtungen zu erwecken; aggressive Kritik setzt ein, die zunehmend ungefähr alles in Frage stellt.

Es ist ihr dann auch wesentlich, nie so recht zu wissen, was sie eigentlich will, so daß sie sich oft kurzenwegs immer sogleich von dem absetzt, von dem sie vorauf noch behauptete, daß es ihr betont zielmäßig sei. Ihre unmittelbaren Äußerungen und Entwicklungen werden nicht entscheidend durch überlegenes Wissen oder Weltverstehen sondern ganz überwiegend gefühlsmäßig bestimmt und tendieren immer dahin, *triebhafte* Lebensbewegungen oder Lebensäußerungen zu verherrlichen, die schließlich in hohem Maße allein bestimmend werden. Jede Kulturwende verläuft dann wie ein rein schicksalsmäßig bestimmtes Naturgeschehen. Sie ist eine großweltliche Krise lebensgefährlichster Art und ist es um so mehr, je mehr sie mit ihren Entwicklungen springt oder auch, je mehr sich die Entwicklungen betonen.

Sie ist praktisch zunächst immer ein Untergang der betroffenen Kulturwelt, deren vordringliche Frage ist, wie weitgehend ein Untergang sich auswirken wird. Sie ist nicht - wie oft gerne gedeutet - eine Art glückhaft gesteigerter Lebendigkeit sondern ist - umgekehrt - im Sinne des Krankseins so etwas wie fieberndes Leben und ist, entsprechend betont, lebensgefährlich. Sie endet immer entweder vernichtend oder nur in dem Sinne erneuernd, daß weitgehend allgemein gerade das, was immer schon und eben noch überall höchste Geltung hatte, überraschend nur noch sehr niedrig und dann während langer Zeit zunehmend niedriger gewertet wird. Jede Entwicklungskrise endet bestenfalls mit einer Umwertung aller Werte, vor allem aber mit einer Umwertung aller menschenwerklichen Dinge, und die Lebensbilder, die diese Umwertungen ergeben, lassen sich vorher nicht exakt bestimmen. Die Kulturwende führt nie dem einfachen

Verstehen nach *fortschrittlich* oder fortsetzlich über die voraufgegangene besondere Kulturart oder die beendete kulturweltliche Lebensperiode hinaus sondern bildet während des ganzen Verlaufs einen Kulturzustand, der dahin zielt, daß eine neue Kulturart *geboren* werde.

In allen Hinsichten war und ist eine Kulturkrise wie die andere, so selbstverständlich es auch ist, daß jede Kulturwende ihre Besonderheiten hatte oder hat. So wie die verschiedenen Menschen auf die gleiche Krankheit zwar dem großen Ganzen nach gleichartig, aber den verschiedenen Naturanlagen entsprechend auch verschiedenartig reagieren, so reagieren auch auf die wesentlich gleiche Kulturkrise die verschiedenartigen Kulturwelten immer verschiedenartig und das nicht selten in einem Maße, daß - obenhin betrachtet - das gleiche Geschehen als solches kaum erkennbar ist. Ebenso reagieren innerhalb der einzelnen großen Kulturwelt die verschiedenen ihr zugehörigen Völker und in ihnen wieder die einzelnen Kulturkreise, Lebenswelten und die einzelnen Menschen auf die gleiche Kulturwende unterschiedlich. Zum Bespiel äußerte sich die Kulturwende Europas zwischen Mittelalter und Renaissance etwa in Frankreich anders als in Deutschland, und ebenso verhielten sich hier wie dort zu der gleichen Kulturwende die Städte anders als die Dörfer. Dies aber änderte nichts daran, daß die gleiche Kulturwende für Frankreich wie für Deutschland und überhaupt für die gesamte europäische Kulturwelt, für ihre einzelnen großen und größten und kleinen und kleinsten Kulturkreise, dem Wesentlichen nach die gleichen Folgen zeitigte: überall ein halbes Bejahen und ein halbes Verneinen des Mittelalters, eine gleiche, eigenartig entwicklungsreiche und fruchtbare Unruhe, ein gleiches Wissen um eine »Renaissance«, und so fort. Jede Kulturwelt hat, wenn ihre einzelnen großen Lebens- oder Entwicklungsperioden enden, immer in einem seltenen Maße gegen »überlebte« oder »überaltete« Anschauungen und Lebensformen, die vorauf jahrhundertelang mit vielem Recht als mehr oder weniger heilig gewertet wurden, zu kämpfen. Diese widersprechen - von einer gewissen Grenze natürlicher Kulturentwicklung ab - jeder weiteren natürlichen, zukunftsreichen Kulturentwicklung und werden dann auch immer weitgehend verneint. Die Verneinung aber garantiert so ohne weiteres nie das Bessere und sie tut das um so weniger, je kriegerischer sie ist.

Die Entwicklungskrisen der menschlichen Lebenswelten, der persönlichen wie der großgesellschaftlichen, wurzeln in der Tatsache, daß diese gleichzeitig sowohl *naturgegebenen »inneren«* als auch nicht rein naturgegebenen *menschlich-«äußeren«* Lebensgesetzen oder Führungen folgen müssen. »Innere« naturgegebene Lebensgesetze können sich wie jedes Triebleben als sehr lebensfeindlich auswirken und hohe menschliche Lebenswelten sind ohne feste äußere Gesetze kaum denkbar.
In allen Entwicklungskrisen betont sich das Zwiespältige des menschlichen Lebens besonders stark. Die inneren Gesetze reichen allein nicht aus, ein Gedeihen der Lebenswelten zu sichern und den äußeren Gesetzen - seien es auch hohe oder höchste - allein ist dies

auch nicht möglich; aber die Lebenswelten müssen ihnen folgen, auch wenn sie nicht selten allem tieferen Empfinden und dem natürlich gegebenen, triebhaften Leben entgegen sind.

Äußere höchste Gesetze entsprechen früher oder später nicht mehr den »Tiefen« des menschlichen Lebens und bleiben nicht dauernd hohe oder höchste Gesetze; sie sind immer nur behelfsmäßig und bleiben nur insoweit höchste Gesetze, wie sie einem bestimmten menschlichen Zustand entsprechen. Jede menschliche Lebenswelt aber muß, um leben und sich entwickeln zu können, den Naturgesetzen folgen, nach denen sie ununterbrochen älter wird und sich damit ununterbrochen verändert. Sie verändert ihre Empfindungen, Gedanken, Wünsche und Bestrebungen oder Ideale laufend und widerspricht dann den äußeren, festgesetzten Lebensgesetzen. Deren stabiler Charakter steht stets dem Wunsch entgegen, sie etwa als »überaltert« verändern zu wollen, und so werden die äußeren Gesetze verneint und bekämpft, sie werden aber auch - gerade ihres stabilen Charakters wegen - immer wieder bejaht. Die Krise bildet sich, wo diese hohen und höchsten Gesetze einem allgemeinen Empfinden und Verstehen nach mehr und mehr entgegenstehen und im Grunde keine hohen und höchsten Gesetze mehr sind. Die dann eintretenden Spannungen erwirken eine ausgesprochene Feindschaft gegen ungefähr alle äußeren Lebensgesetze und bekämpfen diese um so mehr, je höher sie vorauf gewertet wurden. Es ergibt sich dann, soweit es auf die äußeren Lebensgesetze ankommt, ein weitgehend ungesetzlicher, »wilder« Lebenszustand, mit dem das menschliche Triebleben die höchsten Feste feiert. Alle menschlichen Entscheidungen können dann nur aus menschlichen Tiefen und nicht von äußeren Gesetzen, vom »Äußerlichen« her kommen.

Da der Mensch nicht anders menschlich sein kann, als daß er seinem naturgesetzlichen Lebenstrieb nur bedingt folgt oder daß er nur bedingt triebhaft lebt, und weil seine selbsteigenen Lebensgesetze den Naturgesetzen doch weitgehend befreundet oder angeglichen sein müssen, damit die Natur in ihrer überlegenen Macht ihm nicht feindlich sei, hat er ununterbrochen mit einem sehr ernsten Einerseits - Andererseits zu tun. Diesem kann er bestenfalls immer nur ungefähr gerecht werden. Er lebt entweder zu triebhaft und schuldet den Menschheitsgesetzen, oder er sucht, diesen nachzukommen und schuldet seiner Natur. Keine menschliche Lebenswelt, weder die großgemeinschaftliche noch die menschlich-persönliche, ist mit den Gesetzen, denen sie folgen soll, ganz im Reinen; sie bleibt bestenfalls diesen wie jenen immer etwas schuldig. Sie ist wie ein einziger Widerspruch.

Mit jeder Entwicklungskrise zwingt die Natur den Menschen, ihre Gesetze höher und seine eigengemachten niedriger zu hängen, und da er das zu tun sich mehr oder weniger immer wehrt, sind alle Entwicklungskrisen für die menschlichen Lebenswelten, für die großgemeinschaftlichen wie für die menschlich-persönlichen, immer lebensgefährlich.

Jede »Kulturwende« ist voller vernichtender Widersprüche. In ihrem Verlauf werden - sehr leicht erkennbar - unvergleichlich viel mehr Kulturwerte vernichtet als neu gebildet. Und so würden auch nie und nirgends besondersartige Kulturzustände bestehen oder sich entwickeln und Macht gewinnen können, wenn die menschliche Kultur jederzeit und überall durch menschliches Verstehen, durch wissentlich vorsätzliches Wollen, durch erkenntnisreiche Vorsicht und dergleichen regiert würde. Aber durch menschliches Verstehen, durch menschlich »positives« Wissen, durch wissentlich vorsätzliches Wollen und dergleichen wird die menschliche Kultur und wurden deren Entwicklungen immer und überall nur *nebenbei mit*regiert. Zuerst und zuletzt untersteht jede menschliche Kultur völlig unwissentlichen, *unbegreiflichen,* unfaßbaren, rein naturgegebenen und triebhaften Lebensbewegungen. Diese sind es, die in jeder »Kulturwende« entscheidend regieren. Gerade hier geht es um das, was zuerst und zuletzt ist oder was zuerst und zuletzt entscheidet; sie ist ausgesprochen entweder das letzte Ende einer reichen voraufgegangenen oder das erste Beginnen einer vielversprechenden zukünftigen Kulturwelt.

Die Krisen und ihre von Zeit zu Zeit auftretenden Betonungen sind Zeugen gegen die Art aller bisherigen Kulturen. Sie sind ein Beweis dafür, daß es bisher noch nie kulturweltliche Gesetze und Ordnungen gab, die dermaßen lebensnah oder »natürlich« wären, daß es überhaupt nicht zu unterscheiden wäre, ob sie *Kultur-* oder Naturgesetze sind.

An der Grenze jeder Kulturentwicklung, an ihrer anfänglichen ebenso wie an ihrer endenden Lebensperiode, steht nie eine andere Kultur, sondern steht fast immer die Natur. Es ist immer, als ob jede Kultur nach Verlauf einer längeren geradlinigen Entwicklung zunehmend eifriger in den *Urzustand* menschlichen Lebens zurück möchte. Das heißt auch:

Mit jeder Entwicklungskrise geht es zuletzt allein um Lebenstiefen, nicht um äußerliche Gesetze, wie überhaupt nicht um Äußerliches.

Soweit der Mensch regiert, tut er das immer nur ungefähr oder obenhin, nur sozusagen in »höherem Auftrage«, in untergeordneter oder *dienender* Stellung. Er kann die gegebenen Welten ändern oder »entwickeln«, aber schließlich immer nur so, wie er seiner Natur oder seiner ihm naturgegebenen Direktive nach zu tun getrieben wird. Soweit er auch immer für sein Tun und Lassen verantwortlich ist und soviel es auch für ihn darauf ankommt vernünftig, nicht triebhaft zu sein, ist er doch so wenig ein wirklicher Herr seines Trieblebens wie ein wirklicher Herr der menschlichen Welten. Zuerst und zuletzt ist und bleibt hier der Herr immer wieder die Natur.

Geistige Bewegungen und
die Stadtform des Mittelalters

Das vorchristliche Europa kannte, abgesehen etwa von seinen Mittelmeerländern und von sehr vereinzelten kleinen Hafen- und Handelsplätzen, besonders in den Küstenstrichen der Nord- und Ostsee und des atlantischen Ozeans so gut wie nur dörfliche und dorfähnliche Siedlungen. Bevor es in Europa Städte oder stadtähnliche Siedlungen gab, war hier jede Kultur jahrhundertelang rein dörflich.

Dieses frühchristliche Europa, das eigentliche Fundament aller späteren europäischen Kultur, können wir mit Recht als das *frühkindliche* Europa bezeichnen. Dies zu tun widerstrebt uns meist um so mehr, je mehr wir bemüht sind, das vorchristliche Europa zu verherrlichen. Wir betonen gelegentlich gerne, daß es für die gesamte europäische Kultur fundamentlich sei, ebenso wie wir jede echt dörflich-bäuerliche Kultur gerne als Fundament aller Kulturen zu deuten suchen, doch *jedes Fundamentliche* ist, ebenso wie das *Kindliche,* in erster Linie ein *Anfängliches.* Das vorchristliche Europa war nicht dörflich, weil es verstandesmäßig gerne dörflich sein wollte, sondern weil es seinen inneren Lebensgesetzen nach dörflich sein mußte. Der einzelne Mensch fühlte sich dort auf Schritt und Tritt naturgebunden, so wie der frühkindliche Mensch sich der Mutter verbunden fühlt.

Die starken geistigen Unruhen der Mittelmeerländer
zur Zeit der Geschichtswende, des einsetzenden
Christentums, hatten während langer Zeit kaum einen
erkennbaren Einfluß auf dieses nördliche Europa; aber
ihr ferner Klang genügte, daß es plötzlich außerordentlich unruhig wurde. Es war lange vorher schon
zunehmend unruhiger geworden und wurde nun sehr
aufmerksam auf alle Stimmen, die aus fernen Welten
kamen, aus Welten, die es zwar nicht so recht verstand
und deshalb zunächst weder bejahte noch verneinte,
aber die es doch geistig bewegten und lockten.

Die krisenhafte Unruhe genügte, um sich selbst
gegenüber zunehmend kritischer zu werden und zu
suchen, all dem zu entfliehen, was vorauf in dem
gleichen Kulturraum jahrtausendelang immer hohe
Geltung hatte und das dort nun zwar nicht geradeaus
bekämpft, aber doch - echt krisenhaft - einerseits
heftig verneint und andererseits verherrlicht wurde.
Diese Krise führte zunächst, wie bisher alle großweltlichen Entwicklungskrisen, zu endlos scheinenden
Kriegszuständen, in denen das aggressive, eroberungs-
gläubige Streben in »andere Welten« sich besonders gut
durch die »Völkerwanderungen« verdeutlicht.

Abgesehen von den sonstigen Auswirkungen der Entwicklungskrise des dörflichen Europa in den ersten
nachchristlichen Jahrhunderten zielte die Krise auf
eine weitgehende Veränderung dieses dörflichen Europa. Seine Lebensanschauungen hatten sich lange
schon weitgehend gewandelt, waren lange schon nicht
mehr nur dörflich, und so fest sie auch nach wie vor
dem Dörflichen verbunden waren und so lebendig die
Widerstände sein mochten, die sich einem Werden

nichtdörflicher, das heißt städtischer, Lebenswelt ent-
gegenstellten, ihr Werden war schließlich unwiderstehlich wie ein Naturereignis. Der Widerspruch gegen das
Dörfliche traf zwar überall auf dessen natürliche Selbstbehauptung und konnte es nicht vernichten, aber es
führte trotz aller Abwehr dahin, andere als dörfliche
Lebenswelten zu bilden. Und so erbaute dieses Europa neben burgenartigen Klöstern und Ähnlichem
plötzlich *Städte*, als hätte es vorauf immer schon Städte gebaut.

Der anfängliche Städtebau in dem dörflichen, nördli-
chen Europa wurde oft als ein Werk der christlichen
Kirche bezeichnet. Tatsächlich hätte er ohne sie nicht
dermaßen erfolgreich sein können, wie er es gleich
von Anfang an war, und er hätte ohne sie im Besonderen auch nicht die schnelle Ausbreitung haben können, die er hatte. Trotzdem war er doch nicht ihr
Werk. Die Kirche war ihm außerordentlich förderlich;
aber bei näherer Betrachtung zeigt sich, daß hier der
Städtebau der Kirche genau so förderlich war wie sie
ihm. Hätte dieses dörfliche Europa nicht weitgehend
allgemein krankhaft unruhig nach neuartigen oder
»anders«-gearteten Lebenswelten gesucht, wäre es
nicht seit Jahrhunderten schon seinen vorauf immer
gültigen Lebensgesetzen und Lebensformen gegenüber zunehmend kritischer, nicht lange schon seinen
alten Göttern zutiefst untreu gewesen, mit anderen
Worten: Hätte dieses Europa nicht in einer unruhig-
sten Entwicklungskrise gestanden, so wäre die Ein-
führung des Christentums mit seiner geistigen Führung
und seine Ausbreitung viel mehr und heftiger be-

kämpft worden, als sie bekämpft wurde. Die Krise war das A und O sowohl hinsichtlich der relativ willigen Aufnahme, die das Christentum, oder besser: die christliche Kirche, in diesem Europa überall fand, wie auch hinsichtlich des erfolgreichen Städtebaues, der Hand in Hand mit der Kirche ging und mit ihr schnell Raum und Macht gewann. Die gesamte führende mittelalterliche Kultur des hier in Betracht stehenden Europa war städtisch, wie sie christlich-kirchlich war. Die Stadt regierte und dominierte und so war während langer Jahrhunderte hohes christliches Denken, Wollen und Wirken, aber auch vieles andere, das weit über dies und das Mittelalter hinauszielte, lebendig.

An diesem gemeinschaftlichen kulturellen Leben hatte das Dorf fast keinen Anteil; es stand betont beiseite. Es war seit der vormittelalterlichen Zeit geistig wie äußerlich dem großen Ganzen nach so gut wie unverändert geblieben, hatte nach wie vor seine uralten Gespenster, überall seine »bösen« und »guten« Zeichen, seine Ahnungen und Gesichter und überhaupt eine Geisteswelt, die von allem Christentum weit entfernt war. Für das Dorf waren Kirche und Stadt identisch.

Der mittelalterlichen Kirche war es von Anfang an ganz außerordentlich darum zu tun, den Himmel und auch die Hölle so lebendig und glaubwürdig wie nur irgend möglich darzustellen, den Gegensatz zwischen Himmel und Hölle anschaulich zu betonen. Damit bewegten sich die allgemeinen Interessen des Mittelalters zwischen »hoch oben« und »tief unten«, vertikal hin und her zwischen Himmel und Hölle.

Diese betont *vertikal*, spezialistisch *ein*linig verlaufende Interessenbewegung oder Interessenbahn war ihm naturgegeben, wesenseigen und damit wesentlich. Dem Mittelalter galt daher das unmittelbar Begreifliche und Wissensmäßige nur wenig. Bestimmend und entscheidend war - wenn auch sehr unbewußt - die Tatsache, daß die neue Kulturwelt ihren dominierenden Anschauungen, Interessen und Bestrebungen nach der »irdischen Welt« gegenüber in hohem Maße *unverbindlich* war. Dem Mittelalter gegenüber galten die weltlichen und im besonderen auch die menschlich-gesellschaftlichen Bindungen nur soweit als wichtig, wie diese geeignet schienen, die speziell mittelalterlichen geistigen Anschauungen, nicht aber die handgreiflichen Tatsachen, in der Wertung zu steigern und zu festigen. Mit jeder nachhaltigen Betonung der vertikalen Interessenbahn muß das »Irdische«, das unmittelbar Begreifliche, das Wissensmäßige zunehmend an Geltung verlieren, und so galt dem Mittelalter mehr und mehr alles »irdische« Leben als eine Art Durchgangsstation, die nur wenig Interesse rechtfertigen konnte. Es ist im Grunde selbstverständlich, daß da, wo vertikale Interessenbahnen vorherrschen, der irdische, der unmittelbar handgreifliche Interessenraum, immer verhältnismäßig klein ist und sich auch immer fester abgrenzt.

Die mittelalterlichen dominierenden Anschauungen fanden ihren stärksten Ausdruck in der Bauwelt, wie sich schließlich immer und überall die geistige Grundhaltung jeder Kulturwelt durch ihre bauweltlichen Erscheinungen am greifbarsten verdeutlichen.

Die Städte betonten sich als fest umschlossene Siedlungswelten, deren alles überragende Dome und Ka-

thedralen das geistig wie räumlich in sich Gebundene dieser Lebenswelten symbolisierten und weithin
sichtbar machten. Das markant Eigenartige der mittelalterlichen Bauwelt war das eng zusammengedrängte
Burgenartige, das ihren besonderen Interessen von allem Anfang an am meisten entsprach und dessen Kultivierung sehr bald zu einer für Europa bis dahin völlig neuartigen, allgemein gültigen Siedlungsform, zu
der speziell mittelalterlichen Stadtsiedlung führte, die
immer einen sehr beengten, burgenartig fest umgrenzten Siedlungsraum bildete.

Die Darstellung der in jeder Hinsicht geschlossenen
Einheit war durch eine relativ geringe Menschenmen-
ge auf einem kleinen Raum durchaus möglich; und
so war es der mittelalterlichen Stadt nicht so wichtig,
sich zahlenmäßig und räumlich zu vergrößern, sondern es war ihr vor allem wichtig, sich räumlich fest
zu binden. Die Beschränkung beruht also nicht - in
jedem Falle nicht zuerst - auf wirtschaftlichen oder
sonstigen materiellen und ganz gewiß nicht auf wehr-
politischen Gründen. Das Wehrhafte war wichtig und
wurde mit einer zunehmenden gegenseitigen Feindschaft der Städte immer wichtiger; aber auch diese läßt
sich letzten Endes aus der festen Umgrenzung und
Abgeschlossenheit der Städte herleiten.

Parallel zu der Beschränkung auf den eng abgeschlos-
senen Raum kultivierte das Mittelalter schließlich nicht
mehr so sehr die Städte als Ganzes sondern in ihr vorwiegend nur noch die einzelnen kleinen und kleinsten Plätze. In den mittelalterlichen Städten waren
dort, wo es am echtesten war, die Plätze so zahlreich
wie die Marienbilder, wie die Bilder, die das Mütterli-

che verherrlichten und die neben der »Mutter mit dem Kind« selbst weltlich mächtigste Männer - etwa Päpste oder Kardinäle - nur als anbetende Figuren zeigten.

Das Mittelalter stand, ganz im Gegensatz zum gesamten nachmittelalterlichen Europa, dem Fraulichen innerlichst näher als dem Männlichen und so stand es auch innerlichst den Plätzen näher als den Straßen. Es tendierte immer dahin, die Plätze als solche zu betonen, ohne sie jedoch *spezialistisch* zu betonen. Jede Kultur baut um so mehr Plätze, je lebendiger in ihr der Sinn für die fraulichen Eigenschaften vorhanden ist und auch umgekehrt, sie baut um so mehr Straßen, je höher sie das Männliche wertet.

Das Mittelalter konnte sozusagen überhaupt keine Straßen bauen; für diese war es immer nur nebenbei interessiert. Seine Landstraßen schlängelten sich naturwüchsig so dahin, und seine Straßen in den Städten waren entweder »armselige« Gassen oder Gäßchen oder sie waren, umgekehrt, mehr oder weniger platzartig angelegt, waren für das Auge platzartig geschlossen und hatten weitgehend etwas platzartig In-sich-selbst-Ruhendes. Das wurde noch dadurch verstärkt, daß sie meist - als verhältnismäßig kleine Straßenräume - durch die eine oder andere hervorragende Hausmasse beherrscht wurden, die den Schwerpunkt, den Ruhepunkt des Straßenraumes bildete.

Das Mittelalter erbaute während seiner eigentlichen Blütezeit selten oder überhaupt keine Plätze, die sich - wie etwa der Markusplatz in Venedig - als Plätze spezialistisch betonten. Recht besehen waren in den mittelalterlichen Städten nicht nur die meisten Straßen mehr oder weniger platzartig, sondern die Plätze waren eigentlich platzartige Straßen. Mit der Kultivierung der Plätze entwickelten sich dann auf ihnen, näher und näher gerückt, die einzelnen Platzteile und einzelnen Gebäude steil nach oben hin. Diese benötigten die größere Höhe nicht materialistisch, sondern sie entsprachen damit einem allgemein ganz natürlichen oder tiefinnerlich betonten In-die-Höhe-Streben. Das Mittel, das solcher vertikalen Interessenbahn am meisten entspricht, ist die möglichst ununterbrochene vertikale *Linie*. Sie kann mit vielem Recht als ein Symbol der Entwickldung des *speziell* mittelalterlichen Geistes gelten.

Vom Nachmittelalter und
der Renaissance

Am Ende des 13. Jahrhunderts näherte sich die
Kulturperiode der mittelalterlichen Stadt ihrem Ende.
Nun änderte sich auf Grund einer außerordentlichen
inneren Unruhe das gesamte Kulturbild auf umfassende Weise. Die Kultur geriet zunehmend mehr in
Widerspruch zu ihren äußeren Gesetzen und Lebensformen und tat das, trotz eines gleichzeitig tief-
wurzelnden Glaubens an sich selbst, an die speziell
mittelalterlichen Lebensanschauungen und Bestrebungen, an die speziell mittelalterlichen Stadtwelten
und dergleichen. Alles, was dem Mittelalter immer das
Führende gewesen war, wurde fragwürdig.

Die mittelalterliche Kultur war von ihrem ersten frucht-
baren Beginnen her über reiche Entwicklungen hinaus in sich selbst gealtert; sie war nicht mehr un-
befangen, selbstverständlich großartig strahlend. Das
Mittelalter begann »mittelalterlicher« zu werden, als es
je war; es betonte alles Mittelalterliche mehr als
vorher und doch verneinte es mehr und mehr im
Grunde genommen ungefähr alles, was es vorauf jahrhundertelang als Höchstes und Heiligstes verherrlicht
hatte.

Es war am Ende durch und durch doktrinär und reaktionär. Es glaubte an sich bis zur Selbstverhimmelung

und doch war es auch sich selbst gegenüber voller Kritik, Zweifel und Fragen, die sich mehr und mehr als revolutionäre Bewegung auswirkten. Es hatte eine einheitliche, mächtige Kulturführung und war doch in sich selbst voller Widersprüche, völlig zerrissen und seinem wissentlichen Streben nach so gut wie *ziellos*. Trotz aller Zweifel und Widerstände mühte es sich fiebernd immer weiter um so etwas wie eine *Steigerung* des Mittelalters. Es wollte - obenhin wissentlich - keine andere als die mittelalterliche Kulturwelt. Alles was es gestaltete kennzeichnet seine *Eigenliebe*, die von einem Werden *nach*mittelalterlicher Lebenswelten nichts wissen wollte. Durch diese zunehmende Eigenliebe bestimmt bekämpfte das Mittelalter erbitterter alles, je ausdrücklicher es endete oder - mit anderen Worten - je ausdrücklicher es sich gefährdet sah, seine Eigenliebe einer nicht mehr mittelalterlichen Welt opfern zu müssen. Das Mittelalter konnte sich - ob es wollte oder nicht - unmöglich weiterhin als Mittelalter entwickeln.

Diese Tatsache war dem endenden Mittelalter so gut wie völlig unbewußt. Es glaubte nicht an das Werden einer wesentlich neuartigen Kulturwelt, wie es die Renaissance war, trotzdem diese dem Mittelalter zeitlich ganz nahe stand. Es konnte an sie nicht glauben, weil es sich selbst gegenüber außerordentlich befangen war und obenhin immer nur wieder mittelalterlich dachte.

Europa erlebte eine Kulturwende, die in allen Hinsichten als ein Schulbeispiel einer Kulturwende angesehen werden kann.

Jede Kulturwelt, ebenso wie jede ihrer einzelnen großen Lebensperioden, betont von Anfang an in dem gleichen Maße, in dem sie sich überhaupt als eine besondersartige Kulturwelt darstellt, auch eine besondersartige geistige und wirkliche Grundhaltung. Und alle allgemeinen Entwicklungen einer Kulturwelt und ihrer Lebensperioden laufen immer darauf hinaus, daß sie eine sehr spezielle Art des Denkens und des Wirkens zunehmend mehr und eifriger betont, verdeutlicht, befestigt und schließlich als heilig betrachtet.

Das Mittelalter wehrte sich gegen ein Enden, wie jede besondere Kultur- oder Lebenswelt sich gegen ihr Enden wehrt. Es erbaute fragend und doch immer betrieblich in einem verzweifelten Glauben an sich selbst die *meisten* und *gewaltigsten* mittelalterlichen Dome und Kathedralen, obgleich es im Grunde genommen bereits etwas völlig anderes erbauen wollte. Diese Bauten der Spätgotik scheinen eine höchste Blüte des Mittelalters zu dokumentieren und werden auch heute noch gerne als dessen wesentlichste Bauwerke verstanden; und doch sind sie nur noch dem äußerlichen Verstehen nach mittelalterlich. Sie sind sowohl dem unmittelbaren wie dem übertragenen Wortsinn nach ein mittelalterlich »Äußerlichstes«, wie überhaupt das gesamte Kulturbild - auch das kirchliche Regiment - betont äußerlich war und sich schließlich nur noch in einer gewaltmäßigen Abwehr und Unterdrückung innerer Lebensbewegungen, Überzeugungen und Willenskräfte behaupten konnte. Die Dome und Kathedralen wurden nicht nur den Maßen nach viel größer und mächtiger, sondern wurden auch in einer andauernden spezialistischen Weiterentwicklung formal trumpfiger, sehr viel anders als ihre Vorbilder waren, aber das endende Mittelalter bejubelte sie, weil sie neuartig und größer und mächtiger waren.

Sie galten, in der Betonung ihrer weitgehenden *äußeren* Veränderungen, dem offiziellen Kulturregiment und überhaupt Europa nicht nur als die handgreiflichsten und mächtigsten Zeugen blühender Kultur sondern vor allem auch als die unbedingt sicheren Bürgen für einen weiteren zukunftstreichen Bestand des Mittelalters. Und doch waren sie - direkt umgekehrt - so etwas wie des Mittelalters Grabmale. Es zeigte sich auch dort:

Mit allem, was eine Kultur im Verlaufe einer ausgesprochenen Kulturwende Großes unmittelbar gestalten kann, verherrlicht sie bestenfalls immer nur ihre Vergangenheit.

Recht besehen war das endende Mittelalter überhaupt kein Mittelalter mehr, es war aber auch noch keine Renaissance; es kämpften zwei Kulturwelten miteinander, eine endende und eine werdende. Und so gegensätzlich wie das Endende dem Werdenden ist, so voller tödlicher gegenseitiger Feindschaft war dieser Kampf und war bisher in aller Welt jeder Kampf, in dem eine endende große Kulturwelt einer zukunftsreichen Nachfolge-Kulturwelt gegenüberstand. Die endende mittelalterliche Welt war immer mit dem Scheiterhaufen zur Stelle, wo sich der Glaube an die Renaissance äußerte; und doch war diese im Grunde genommen das alleinige - wenn auch völlig unbewußte - *Ziel* des ganzen endenden Mittelalters.

Die Frührenaissance erbaute weiterhin gewaltige Dome und Kathedralen mit allem, was dazugehörte; sie malte und bildhauerte großartige kirchliche Bildwerke, tat das innerlich weit weg von allem Mittelalter und ihm doch zutiefst verbunden, in Freiheit jubelnd und doch voller Heimweh, einem Heimweh, das der gesamten bildenden Kunst der Frührenaissance ihren eigenartig, unmittelbar ergreifenden Unterton gibt und das als ein edles, lebendiges Gefühl nicht zuletzt den großen Reichtum erklärt, den die Frührenaissance an hoher bildender Kunst hatte.

Für *jede* »Renaissance« ist immer wesentlich, in lebendigem Empfinden bildhafte Anschauungen freiheitlich zum Ausdruck zu bringen.

Mit der mittelalterlichen Kulturwelt endete nicht das überhaupt Mittelalterliche, sondern endeten ihre *betont* mittelalterlichen Äußerlichkeiten, ihre äußerliche Macht wie auch ihre äußerlichen Schwächen, endete die Gültigkeit ihrer Lehrsätze, ihrer Doktrinen und dergleichen. Das Mittelalter endete aber nicht endgültig; es lebte lange Zeit in der Renaissance weiter und wird wohl immer weiterleben, wie es irgendwie immer schon vorher in der Menschheit lebte.

Soweit die Renaissance dem Mittelalter gegenüber ein kultureller Fortschritt war, hatte von Anfang an bis heute *ganz Europa* teil an diesem Fortschritt und soweit sie dem Mittelalter kulturell unterlegen war, äußerte sie sich auch von Anfang an bis heute *überall* in Europa als eine geringere Kultur. Wie jede ernste Lebenskrise des einzelnen Menschen sein gesamtes Leben und Treiben krisenhaft sein läßt und es schließlich umfassend verändert, so verändert auch jede einzelne Kulturwende die in Betracht stehende Kulturwelt umfassend. Fraglich ist immer nur, inwieweit diese Veränderung »glücklicher« oder »unglücklicher« Art sein wird. Dem nachmittelalterlichen Europa ist es sehr selbstverständlich geworden, *jede* Kulturwende, ohne weitere Rücksichtnahme auf sonstige tiefgehende oder wichtige Lebensveränderungen, so zu deuten, als sei sie immer eine Wende nach dem Besseren hin. Das ist sie aber nicht. Sie führt keinesfalls zwangsläufig, etwa so wie die Kulturwende zwischen Mittelalter und Renaissance das tat, in eine neue, strahlende, zukunftsreiche Kulturwelt; es ist vielmehr jedesmal wie ein Wunder, wenn eine Kulturwende sich derart auswirkt.

Als das Mittelalter keine allgemein überzeugenden Entwicklungen mehr zeigte, endete zwangsläufig auch seine besondersartige Siedlungsform: die bestimmt umgrenzte, festumschlossene mittelalterliche Stadt, deren überragende Dome und Kathedralen das geistig ebenso wie räumlich fest in sich Gebundene dieser Lebenswelten weithin sichtbar noch besonders kennzeichneten. Die mittelalterlichen Lebensformen und Kulturbilder wurden Europa zunehmend fremder und es suchte - wenn auch weitgehend unbewußt - die betont mittelalterlichen Kulturräume, also vor allem die mittelalterlichen Städte zu verlassen, suchte sich so viel wie nur möglich von allen Bindungen dieser Kulturräume zu befreien.

Europa begann plötzlich, über seine Städte hinaus *»Vorstädte«* zu bauen und damit eine Siedlungsform zu bilden, die zwar den mittelalterlichen Stadtwelten in allen wichtigen Hinsichten gegensätzlich war, die sich aber von allem Anfang an sehr zukunftsreich entwickelte. Die Vorstadt entsprach einem lange schon sehr lebendigen, immer wieder unterdrückten, aber zunehmend stärker werdenden unbändigem Streben nach »Freiheit«, nach Natur, nach »unbegrenzten Möglichkeiten«. Die Freiheit richtete sich sowohl auf die geistigen wie auf die räumlichen Bindungen, die im Verlaufe des Mittelalters mit seinen Städten ins Unsinnige gesteigert waren. Das Streben sprengte die engen, festen Umgrenzungen der Städte, wie sie die engen Lebensgesetze und Lebensordnungen sprengte. Sie floh alles Enge und Einengende der Stadtwelten und baute im »unbegrenzten Raum« vorstädtisch. Das unbegrenzt Vorstädtische ist seitdem ein Wesentliches aller nachmittelalterlichen großstädtischen Kultur geblieben und mit ihm beginnt die Großstadt, beginnt der großstädtische Geist sich großgemeinschaftlich zu betonen, der heute die Welt regiert.

Die Vorstädte waren in ihren ersten Anfängen lebensgläubig wie der nachkindheitlich jugendliche Mensch, der in einer Welt, die ihn auf Schritt und Tritt zu führen sucht, plötzlich aller Bindungen ledig aus dem Stadttor jubelnd ins Weite, in die »unbegrenzte« Welt hinaus wandert. Er verneint alles »Zuhause« und strebt »freiheitsdurstig« in die fernsten, fremdesten Fernen; dabei interessieren ihn nicht Himmel und Hölle sondern *greifbare* Fernen.

Und so lebt auch die Siedlungsform, an die die nachmittelalterliche Kultur glaubt und für die sie ganz allgemein lebendig interessiert ist, nicht in einer senkrechten, ungreifbaren Höhe und nicht in einer senkrechten, ungreifbaren Tiefe; sie ist ganz irdisch *horizontal* greifbar. Überhaupt alles, was nun die großstädtischen Welten als »himmlisch« oder als »höllisch« sehr bewegt, ist immer durchaus irdisch, horizontal begreiflich und erreichbar, sie denken sozusagen horizontal, sind horizontal bewegt und betonen folglich auch aus ihrem lebendigen Leben her - ob sie wollen oder nicht - ganz unwillkürlich immer und überall die Horizontale. Mit dem Glauben an diese neue Siedlungsform endet die betonte *Höhen*entwicklung und die betonte *Vertikale* alles spätmittelalterlichen Bauens.

Die Bedeutung der Vorstädte für die Renaissance wurde bis heute kaum so recht verstanden. Sie wurden immer außerordentlich unterbewertet, weil sie - obenhin betrachtet - an den Kleinstädten nichts Wesentliches änderten, und doch hätten diese ohne die Vorstädte zugrunde gehen müssen. Die mittelalterlichen Stadtwelten waren im Verlaufe ihrer Entwicklungen schließlich geistig und räumlich gebunden wie Sträflinge in Ketten.

Für die Vorstädte war immer und ist auch heute noch wesentlich, daß sie sich an Straßen entlang entwikkeln, die unbehindert »nach außen« in unbegrenzte Fernen eilen; sozusagen: Die »Tendenz der Vorstädte« führt horizontal eilig ins Unbegrenzte hinaus und fordert Straßen und wieder Straßen, eiligste Straßen.

Das besondere Interesse für Straßen gehört so viel und so wenig zu den Interessen *hoher* Kultur wie das besondere Interesse für *elementare* Menschheitsfragen. Dieser Tatsache entsprechend gelten die Straßen - die Straßenfragen, die Straßenbaufragen - allen hohen und blühenden Kulturen immer nur als bedingt wichtig. Sie sind so wenig geneigt sie viel zu erörtern, neigen ihnen so wenig zu, wie sie einer besonderen Hochwertung unseßhafter, nomadenhafter Lebensart zuneigen. Da aber jede menschliche Kultur nicht nur irgendwie sondern tiefgreifend mit den Straßen verbunden ist, spiegelt sich auch *jede* Veränderung *jeder* Kultur ganz zuerst durch ein verändertes Interesse für die Straßen und auch zu ihren Formen wider. Diese Tatsache - so wenig sie bisher bewertet und gewertet wurde - kennzeichnet die Wende des Nachmittelalters besonders treffend.

Wir können uns menschliche Kulturen kaum anders denken, als daß in ihnen dem großen Ganzen nach die Menschen seßhaft sind. Der Glaube an die Seßhaftigkeit lebte sicher schon in der frühen Menschheit und bewegte sie im Verlaufe ihrer Entwicklung immer stärker. Jedenfalls ist nur so zu erklären, daß sie überhaupt seßhaft wurde, um dann die Seßhaftigkeit zunehmend mehr als eine wichtige Voraussetzung menschlicher Kultur zu werten. Betont seßhaften, häuslichen, wohnlichen Menschen oder Kulturen ist es unmöglich, richtig »großartige« Straßen bauen zu können; solche Straßen spotten jeder Seßhaftigkeit oder Wohnlichkeit und wollen möglichst nicht direkt mit Wohnhäusern und schließlich überhaupt nichts mit Häusern zu tun haben.

Die Straßen sind in der materiellen Welt das gleiche, was in der geistigen Welt die Gedanken sind. Das Verfolgen von Gedanken wie das Verfolgen von Straßen kann unendlich beglückend, kann aber auch unendlich niederdrückend sein. Vor allem: Das Interesse für die Straßen und der Glaube an sie ist immer so lebendig wie das Interesse für das Gedankliche und ist in jeder Kultur immer um so lebendiger - nicht etwa um so fruchtbarer -, je unruhiger sie ist. So begann auch die europäische Kulturwelt gegen Ende des Mittelalters in dem gleichen Maße, in dem sie unruhiger wurde, zunehmend mehr an Gedankliches zu glauben und das Gedankliche dem Gefühlsmäßigen überzuordnen. Sie berücksichtigte dabei nicht, daß selbst der größte Gedankenreichtum eine Häufung wertlosester Gedanken sein kann. Und genau so wie die unruhige Kulturwelt sich zu den Gedanken verhält, so verhält sie sich zu den Straßen, es widerspricht ihr im Grunde genommen ganz natürlich alles ruhige Zuhausesein.

Die Straßen oder Wege sind mit all dem geistig nahe verwandt, das in ununterbrochener, *fortschrittlicher*, fortschreitender oder vorwärtseilender Bewegung ist. Darum lieben die Menschen sie auch um so mehr oder werten sie um so höher, je mehr sie an den Fortschritt glauben. Der Glaube daran gehört zu den elementarsten Selbstverständlichkeiten; aber allgemein und sehr unbedingt kann er nur dort sein, wo das große Ganze unseres großgesellschaftlichen Lebens sehr unbefriedigend ist, so daß man einfach davon fort oder fortschreiten will. Das sehr Hohe und das sehr Straßige oder Fortschrittliche sind nur äußerst selten miteinander verbunden.

Weil das nachmittelalterliche Europa von Anfang an die Straßen den Plätzen überordnete, ist es zum Beispiel auch nicht möglich, von den Vorstädten zu fordern, Plätze zu bilden, die zielmäßig etwa repräsentativ sein sollen, etwa mit repräsentativen Gemeinschaftsbauten oder so ähnlich. Diese Forderung bringt jede Vorstadt sogleich in arge Verlegenheit; das Resultat ist dann auch immer eine entsprechend unglückliche Vornehmheit.

Das Nachmittelalter erbaute zwar ab Ende des 15. bis gegen Ende des 16. Jahrhunderts viele Plätze, die zu den schönsten aller Baugeschichte gezählt werden. Dies ändert aber nichts an der Tatsache, daß Europa seit dem Ende des Mittelalters sich seinen innersten Anschauungen und Bestrebungen nach von den Plätzen und von allem Platzartigen entfernte. Es betrachtete die Straßen, die aus der mittelalterlichen Welt in die neuen Kulturräume führten, als die wichtigsten, als die Hauptstraßen, wie es seitdem auch alle Anschauungen und Bestrebungen, die einer Entwicklung des neuen Kulturraumes dienten, immer mehr als die besten und als die allein richtigen Anschauungen und Bestrebungen wertete.

Das vorstädtische Siedeln ergab zwar oberflächlich betrachtet immer eine Vergrößerung und einen Machtzuwachs der mittelalterlichen Stadt, war ihr aber »im Grunde genommen« - und darum auch besonders dem Grundrißbilde nach - von Anfang an nachdrücklich gegensätzlich. Sie blieb immer das Zentrum der vorstädtischen Siedlung und die nach allen Himmelsrichtungen ausstrahlenden Straßen gaben ein Bild davon; aber je lebendiger sich die Städte bis ins »Großstädtische« entwickelten, um so mehr verloren sie von ihrer geistigen Bedeutung.

Das Unbegrenzt-Vorstädtische ist ein Wesentliches *aller* nachmittelalterlichen Kultur. Die Vorstädte waren von Anfang an das eigentlich Großstadtbildende, wie sie das bis heute geblieben sind.

Mit dem Beginn der Renaissance setzte eine jugendweltlich hemmungslose Entwicklung und Verkörpe-
rung der Anschauungen und Willensenergien ein, die
die betonten und schließlich überbetonten Bindungen
des Mittelalters und damit auch der mittelalterlichen
Stadt bekämpften. Dieser Kampf, der dazu führte, daß
die festen Umgrenzungen der Stadt fielen und diese
vorstädtisch zu siedeln begann, war immer städtischen
Geistes, er richtete sich nie bewußt gegen die Städte
sondern war im Gegenteil immer ausgesprochen
städtegläubig. Und doch vernichtete er sie. Die Renaissance war - bis heute - nie ihren Absichten, aber
immer ihrem natürlichen, betont jugendweltlich-
unmeisterlichen Wirken nach, sowohl *städtewillig* wie
städtefeindlich. Sie vernichtete die Städte um so mehr,
je mehr sie glaubte, diese neu zu formen.

Das mittelalterliche Europa entwickelte aufgrund
eines mehr oder weniger kindheitlichen Geistes-
zustandes und in der festen Führung der hohen christlichen Lehren und Schulungen ihre besonderen Siedlungen, die mittelalterlichen Städte, zu großartigen
menschlichen Werken, zu Werken, die uns heute noch
ihren kümmerlichen Resten nach wie aus kindlichen
Traumwelten zu sein scheinen. Dagegen hat die
Renaissance ganz zuerst und deutlich gerade die voraufgegangenen oder vorhandenen *gebundenen* größten Formen vernichtet. So vernichtete sie auch nicht
so sehr die Städte überhaupt, sie vernichtete sie ihren
großen, planmäßigen *Formen* nach.

Die Renaissance empfand und erkannte immer sehr
lebendig das Unzulängliche alles speziell Mittelalterlichen und besonders auch alles mittelalterlich

Naturfeindlichen; sie dachte und strebte immer in der Richtung solcher Lebens- und Arbeitsformen, die höher stehen und im besonderen auch naturgläubiger sind als die mittelalterlichen Formen; sie hatte aber - wesentlich jugendweltlich - nie die nötige innere Ruhe, nie das nötige schöpferische Vermögen, diese höheren und größeren Formen bilden zu können. So wurden gerade die großweltlichen Zustände und die wirklich großen Dinge, zum Beispiel die Städte, durch die Renaissance um so formloser, je mehr diese sich vom Mittelalter entfernte, das heißt, je mehr sie dem Mittelalter entwuchs und je eigenwilliger sie sich als »Renaissance« entwickelte.

Dem Kinde ist es eine Kleinigkeit, einen Stock zu nehmen, ihn mit einem Bindfaden um die Hüften zu binden und nun zu behaupten, Feldmarschall Blücher zu sein. Dem Kinde ist es immer unendlich leicht, »in großer Form« zu sein. Für den »jugendlichen« Menschen aber ist das unendlich schwer oder überhaupt nicht möglich. Er ist der »großen Form« gegenüber einerseits zu spekulativ und andererseits werklich viel zu unsicher, so daß er mit allen großen Formen - und gerade mit ihnen - immer im Kriegszustand lebt. So forminteressiert und formenreich die Renaissance immer war, so war sie das doch immer ganz zuerst im Sinne der Formen*splitterung* oder Formenvielheit.

Wie die Renaissance etwa das Kirchliche um so tiefer spaltete, je ernster sie sich um es bemühte, so zersplitterte sie überhaupt das Große ganz eigentlich, weil sie ein viel Größeres wollte; aber sie war zu leidenschaftlich bewegt, war zu sehr im Tiefsten erschüttert, als daß sie unmittelbar »größere Formen«

hätte bilden können. Der Wille der Renaissance war
- echt jugendlich - unendlich viel größer als ihr bil-
dendes Vermögen. Darum sind auch ihre werklichen
Formen vielfach so eigenartig grotesk und unverständlich, während sie - näher betrachtet - immer sehr
vernünftig gemeint waren. Gerade weil die Renaissance - nicht kindlich - die Welt gut verstehen und
vernünftig nehmen wollte, kam es zwar zu vielen tiefen und hellen Erkenntnissen und zu einem großen
Reichtum einzelner Weltbilder, aber je größer dieser
Reichtum wurde, um so schwerer wurde es auch, die
Teilbilder oder Teilwelten zu vereinheitlichen oder zu
einer selbstverständlichen einheitlichen, großen Kulturwelt zu verbinden.

So wenig der Formenreichtum die Formengröße aus-
schließt, so gewiß erfordert beider intensive und
überzeugende Verbindung, beider einheitliches Miteinander eine größere werkliche Meisterschaft.

Diese konnte mit der Renaissance - ihrer jugendlichen
Natur wegen - unmöglich sein und so wurde sie
zwangsläufig um so formensplitteriger oder formen-
spezialistischer, je formenreicher sie wurde. Als Beweis
können die renaissance-weltlichen Entwicklungen der
kirchlichen Zustände genommen werden, aber viel
greifbarer noch erkennen wir dies besondere Versagen
der Renaissance wieder im Hinblick auf ihre Siedlungs-
geschichte, besonders im Hinblick auf ihren Städtebau. Er wurde sehr eindeutig um so formloser, form-
splitteriger und damit problematischer, je mehr und
eifriger die Renaissance an den Städten herument-
wickelte, je größer diese wurden und je eigenwilliger
sich die »Großstadt« als solche zu betonen suchte.

Aber das alles war nur der erste Beginn der großstädtischen Welten, der als solcher nicht erkennbar
war und auch heute noch als solcher kaum angesehen
wird. Die geistige Entfernung wurde größer, das
Heimweh verebbte und mit ihm jedes lebendige Denken an alles, was dem Mittelalter heilig war. Es blieb
der Glaube an die Freiheit, der im Grunde genommen
allen Gesetzen feindlich war und es blieben dann nur
noch die naturgegebenen Lebensgesetze, die führten
und regierten.

Das Vertikale und das Horizontale
als Ausdruck geistiger Bewegungen

Jede Kulturwelt und jede ihrer einzelnen großen Lebensperioden betont von Anfang an in dem gleichen Maße, in dem sie sich als eine besondersartige Kulturwelt darstellt, eine besondersartige geistige und wirkliche Grundhaltung. Und alle allgemeinen Entwicklungen einer Kulturwelt und ihrer Lebensperioden laufen immer darauf hinaus, daß sie diese Art des Denkens und Wirkens zunehmend mehr betont, verdeutlicht, befestigt und schließlich als heilig betrachtet. Diese spezialistische Entwicklung einer geistigen Grundhaltung führt zwangsläufig zu einer ausgesprochen unverbindlichen, unduldsamen und schließlich feindlichen Stellungnahme gegenüber all den geistigen Bestrebungen, die in jeder Kulturwelt *außerhalb* einer *allgemein* dominierenden Interessenbahn menschlich lebendig sind.

Solche nebenläufigen geistigen Bewegungen sind zu Beginn jeder Kultur immer vorhanden. Sie treten aber bald deutlich zurück, bis während der Hochblüte jede Kultur eine außerordentliche Einstimmigkeit der allgemeinen Anschauungen und Zielsetzungen eines in sich selbst gesicherten, sehr unproblematischen und strahlend glücklichen Kulturzustandes erlebt. Eine solche Periode ist aber immer um so kürzer, je mehr die geistige Grundhaltung sich als solche *speziell betont* und diese spezielle Geistesart jede andere Geistigkeit mehr oder weniger zurückdrängt.

In einem gewissen Maße besteht in jeder Kultur jederzeit - auch während ihrer Hochblüte - ein Kampf zwischen einer allgemein dominierenden, spezialistisch besondersartigen und einer nicht spezialistischen Geistigkeit. Ohne diesen Kampf würde jede Kultur, würde jedes kulturelle menschliche Leben in kürzester Zeit erstarren und vernichtet sein. Aber dieser Kampf betont sich doch nur dort, wo eine allgemein führende Geistigkeit sich als besonders eigenartig äußert und sich im Sinne des Spezialistischen als eigenartig einlinig entwickelt.

Diese Tatsache ist durch die Kulturgeschichte in reichem Maße bewiesen, aber mag hier im Hinblick auf die Geschichte der besondersartigen mittelalterlichen und nachmittelalterlichen Kulturwelt, die für das Verstehen der bisherigen und besondersartigen mittelalterlichen Kulturwelt eine größte Bedeutung hat, weiter erklärt werden.

Das europäische Mittelalter wird gerne als eine Kulturwelt gedeutet, für die die christliche Lehre oder eine betont christliche Weltanschauung wesentlich gewesen sei, so daß praktisch genommen die christliche Kirche als tragend und führend für die mittelalterlichen Kultur- oder Lebenszustände verstanden wird. Diese Deutung kann als weitgehend richtig gelten; jedenfalls hätte die besondere Kulturwelt, die wir als die mittelalterliche verstehen, nicht sein können, ohne daß dort die christliche Kirche unbestritten regierte. Und doch war für die Besonderheit der mittelalterlichen Kultur nicht einfach das Christentum oder die christliche Kirche bestimmend, sondern wirklich entscheidend war das tiefinnerliche oder natürliche Verhältnis, das Europa zum Christentum hatte. Schließlich sind immer und überall nicht die gegebenen Menschheits- oder Kulturlehren sondern die innersten Lebens- oder Wesenszustände der Menschen oder der Kulturwelt, denen solche Lehren begegnen, entscheidend.

Höchste Menschheitslehren erreichen nicht so ohne weiteres hohe oder höchste Lebens- oder Kulturzustände, sondern diese bedingen in *erster* Linie immer so etwas wie einen entsprechenden naturgegebenen Kulturboden. Ohne ihn fruchtet die großartigste Menschheitslehre nichts, fruchtet sie so wenig wie das Weizenkorn im Dünensand.

So war auch für das Werden und Sein der europäischen, besondersartigen mittelalterlichen Kulturwelt nicht die christliche Lehre sondern der durchaus sehr eigenartige geistige, seelische Zustand der damaligen europäischen Lebenswelt das eigentlich Entscheidende. Dieser war das, was als der Boden gelten kann, der durch die christliche Lehre befruchtet wurde.

Die christliche Lehre ist aber unendlich vieldeutig und kann sehr verschiedenartig »ausgelegt« werden. Sie ist - in dem Sinne des Vergleichsbildes - nicht wie *ein* Samenkorn, das nur in einem bestimmten Boden keimen und nur auf ihm fruchten kann sondern ist wie eine große Masse verschiedenster Samenarten, von denen jedes einzelne Korn sich für einen ganz besonderen Fruchtboden am *besten* eignet.

Darum ist es auch für die befruchtende Lebendigkeit des Christentums völlig gleich, wie die einzelnen

Kulturwelten sind oder wie weit sie sich voneinander unterscheiden und sich im Verlaufe der Zeit verändern: Gerade so wie die einzelnen Kulturwelten *sind*, können sie für das Keimen und für ein reichstes Fruchttragen als bester Boden gelten. Und so war die besondere Lebenswelt Europas, gerade so wie sie vor 1500 oder 1600 Jahren war, ein bester Boden für die Aufnahme und für ein reichstes Fruchttragen des Christentums. Aber so wie der Kulturboden dort ganz spezieller Art war, so war es dort nur eine ganz spezielle Seite des Christentums, die in erster Linie gesehen wurde und Resonanz hatte. Dementsprechend betonte sich auch eine christliche Lehre, der gegenüber es irrig ist, sie als die allein gültige christliche Lehre zu werten; sie bildete dort und wurde zunehmend mehr eine *sehr spezielle* christliche Lehre.

Das heißt nicht, daß das Christentum während des Mittelalters *nur einseitig* gedeutet und gelehrt worden sei, sondern so reich und verschieden die geistigen und seelischen Zustände des Mittelalters waren, so wechselreich waren auch die Deutungen und Wirkungen des Christentums. Europa hätte nicht die besondersartige mittelalterliche Kultur bilden können, wenn es nicht eine ganz speziell dominierende geistige und seelische Haltung gehabt hätte, und dieser letzteren entsprach eine speziell dominierende Deutung des Christentums und eine sehr besondersartige christliche Kirche.

Diese Kirche war dadurch besonderer Art, weil sie von Anfang an und zunehmend mehr die Begriffe des Himmels und der Hölle betonte. Die Verwendung dieser Begriffe war aber nicht nur der mittelalterlichen christlichen Kirchenlehre sondern war wohl noch *jeder* Lehre, *jeder* großen Kirche geläufig. Das Mittelalter glaubte nicht darum an Himmel und Hölle, weil die Kirche diese Begriffe meisterhaft verlebendigte, sondern gerade umgekehrt: Die Kirche konnte diese Begriffe so außerordentlich wirksam verlebendigen, weil die mittelalterliche Welt von Anfang an - auch ohne das Christentum - gerne an Himmel und Hölle glaubte oder glauben wollte.

Meisterhafte Darstellungen dieser oder jener Begriffe bedingen immer und überall in erster Linie, daß ein lebendiges, innerliches Verhältnis zu diesen Begriffen vorhanden sein muß.

Ebenso können solche Darstellungen auch immer nur dann stark wirken, wenn die Begriffe sehr *lebendig* sind oder stark interessieren. Das heutige Europa zum Beispiel ist völlig außerstande, irgendwie großartige Darstellungen von Himmel und Hölle bilden zu können, nicht, weil es überhaupt bildungsarm wäre, sondern weil es allgemein für Himmel und Hölle nicht das geringste Interesse hat. Das Mittelalter aber hatte dieses Interesse in betontem Maße, deshalb konnte es auch nur insoweit eine starke Führung, ein starkes Kulturregiment haben, wie diese Führung von Anfang an die Begriffe Himmel und Hölle besonders kultivierte und betonte.

Die Begriffe »Himmel« und »Hölle« sind nicht, wie man meinen könnte, primitiver Art. Das frühe Europa nahm sie zwar primitiv und wollte sie ebenso primitiv genommen wissen, wie es ganz allgemein das Christentum von einer betont primitiven Seite nahm. Das mittelalterliche Europa war nicht primitiver als es vorher gewesen war; die voraufgegangene Primitivität wurde jedoch durch das Christentum geadelt. Seine allgemeinen Weltanschauungen, Lebensgesetze, sozialen Ordnungen und dergleichen wurden einheitlicher und zielsicherer oder wurden außerordentlich erhöht und mehr oder weniger geheiligt, sie blieben aber darum doch dem großen Ganzen nach primitiver Art.

Die mittelalterliche Welt hatte nur mit verhältnismäßig wenigen »Tugenden« und »Sünden« zu tun und hatte für diese eindeutige Belohnungen und eindeutige Bestrafungen. Die letzte und höchste Belohnung aller Tugenden war ganz einfach »der Himmel«, während ebenso einfach die letzte oder höchste Strafe »die Hölle« war. Dies galt der mittelalterlichen Welt nicht nur als ungefähr richtig sondern allgemein als unabänderlich, als höchste Wahrheit; und so bewegten sich die vorherrschenden Gedanken, Hoffnungen und Ängste des Mittelalters von seinem ersten Beginnen ab immerfort - sozusagen hin und her - zwischen Himmel und Hölle. In dem gleichen Maße, in dem das Mittelalter suchte, die allgemein gültigen Lebensgesetze und Ordnungen zu bestimmen und zu festigen und auch die »Tugenden« und »Sünden« deutlich zu erklären, suchte es, den Gegensatz zwischen Himmel und Hölle anschaulicher zu betonen. Aus der geläufigen Vorstellung von einem Himmel »hoch oben« und einer Hölle »tief unten« und einer Kultivierung dieser Vorstellung ergab sich eine betont einlinig vertikal verlaufende Interessenbahn.

Die Bedeutung, die diese vertikale Interessenbahn für die mittelalterliche Kulturwelt hatte, erklärt sich am besten durch eine vergleichende Betrachtung der besondersartigen nachmittelalterlichen Kulturwelt, die seit der Frührenaissance allgemein immer eine *horizontale* Interessenbahn betonte und bis heute mehr und mehr zu betonen sucht.

Diese nachmittelalterliche Kulturwelt begann und konnte nur beginnen, als Europa aufgehört hatte, allgemein und stark an Himmel und Hölle, an nicht-irdische Welten und Lebenszustände zu glauben, als Europa dem mehr oder weniger primitiven mittelalterlichen Glauben an Himmel und Hölle entwachsen war und als es aufgrund eines reiferen und reicheren Weltverstehens ein lebendigeres Interesse für unmittelbar weltliches, irdisches Leben gewonnen hatte. Das Wesentliche der gesamten nachmittelalterlichen Kulturwelt war von Anfang an die Betonung der Vernunft und des Vernunftlebens, des Verstehens und des Wissens, des Begreifens, des handgreiflich *Faßbaren* und unmittelbar Vorhandenen oder einfach: die Betonung dessen, was ganz allgemein als das »Irdische« gilt. Die lebendigen Interessen Europas waren seit dem Beginn der Frührenaissance immer in ganz anderer Weise als vorauf *irdisch* gebunden; sie bewegten sich seitdem mehr und mehr von einer *irdischen* Tatsache zur anderen.

Von dieser Wende an ist das Leben und Treiben des europäischen Menschen, sind seine kleinen und großen Ziele betont irdischer Art; sie sind immer von dieser Erde. Seitdem denkt er von dort aus, wo er sich im Augenblick gerade befindet, nicht mehr senkrecht nach oben an himmlische oder senkrecht nach unten an höllische Lebenszustände, sondern seitdem gehen seine Gedanken horizontale Wege. Als Kolumbus im Verlaufe des endenden Mittelalters lossegelte, um in weiter, horizontaler Ferne eine neue Welt zu finden, da tat er das, was zu seiner Zeit *alle* besonders lebensvollen europäischen Menschen zu tun suchten. Mit der Entdeckung Amerikas, mit der Entdeckung einer neuen Welt in weiter *irdischer* Ferne, erlebte das unterbewußte, aber doch lebendigste, wesentlich irdische Streben des endenden Mittelalters seinen höchsten Triumph. Dieses Ereignis erschütterte den Bestand der mittelalterlichen Kulturwelt mehr, als irgendeine sonstige Tatsache das tun konnte. Mit ihr wurde das spätmittelalterliche, erwachende Streben in horizontale Fernen außerordentlich überzeugend gerechtfertigt und verherrlicht.

Eine völlig veränderte Stellungnahme zu kulturweltlich wichtigen Begriffen oder die völlig veränderte Zielrichtung allgemeinen Strebens war nicht nur dem endenden Mittelalter wesentlich sondern ist dort, wo eine große Kulturwelt oder wo eine ihrer einzelnen Lebensperioden endet, immer das Wesentlichste oder das zutiefst Bewegende.

Anfangs- und Endzustände
der Kulturwelten

Die europäische Kultur der etwa letzten 500 Jahre wurde immer gerne dahingehend gedeutet, daß sie das Mittelalter überwunden habe, während - streng genommen - das Mittelalter in Europa immer lebendig blieb. Diese Tatsache sei eingehender erörtert, weil der Begriff des kulturweltlichen Endens und Beginnens, der sich auch bei der Betrachtung der jüngeren und jüngsten Weltgeschichte häufig aufdrängt, ein unklarer Begriff ist, der schon viele irrige Kulturtheorien verschuldete und immer wieder stützte.

Die mittelalterliche Kultur - als die zwar nicht früheste aber doch relativ frühe Lebens- und Entwicklungsperiode Europas - kann mit dem kindheitlichen Lebens- und Entwicklungszustande des einzelnen Menschen verglichen werden. Und wie in jedes Menschen späterem Leben die Kindheit lebendig nachwirkt, ist auch das europäische Mittelalter immer lebendig geblieben. Seine Lebendigkeit ist nicht zeitlich oder räumlich gebunden oder begrenzt; deswegen wird das europäische Mittelalter in *allen* zukünftigen Kulturen irgendwie lebendig bleiben, so wie etwa das alte Ägypten heute noch in aller Welt irgendwie lebendig ist. *Jede* einzelne Kulturwelt hat ein *ewiges* Leben, hat nie ein Ende und ist ohne Anfang; ihr Anfang reicht immer in eine dunkle, unfaßbare Vergangenheit zurück. Ebenso gab oder gibt es keine Kultur, die nicht mit aller Zukunft lebendig verbunden wäre. Dies schließt nicht aus, die einzelne Kulturwelt oder jede ihrer einzelnen Lebens- oder Entwicklungsperioden »vernünftigerweise« als eng umgrenzt zu erörtern, so wie wir im allgemeinen auch die Welt des einzelnen Menschen und dessen »Kindheit« oder »Jugend« und so fort als eine deutlich beginnende und endende Lebenswelt verstehen, wenn auch »die Spur von seinen Erdentagen nicht in Äonen untergeht.«

Es ließe sich kulturbetrachtlich wenig damit anfangen, in jedem Falle eine ewige Dauer aller Kulturen betonen zu wollen; auch bietet eine ernste Beschäftigung mit den Begriffen des Beginnens und Endens meist große und unerwartete Schwierigkeiten, vor allem dort, wo es darauf ankommt, den *Beginn* einer Kultur zu deuten. Sie erlebt früher oder später immer einen Zustand, der sich überzeugend als ihr *Ende* deuten läßt, aber ihr Beginn bleibt als solcher immer mehr oder weniger im Dunkeln, ihr *sogenanntes* Beginnen ist, recht besehen, immer der *Endzustand* des Beginnens.

Zum Beispiel: Wann begann die mittelalterliche Kulturwelt? Ihr Beginnen kann von da ab datiert werden, da die frühchristliche Kirche die ersten burgenartigen Klöster erbaute oder da dieses nördliche Europa seine ersten Städte gründete. Aber diese und ähnliche frühen Erscheinungen des Mittelalters kennzeichnen doch nicht dessen eigentliches Beginnen, auch wenn nur »handgreifliche« Kennzeichen angenommen werden. Diese Kloster- und Städtegründungen bedeuten ein zwar sehr frühes, aber gleichzeitig auch ein sehr *starkes* Mittelalter. Das hatte lange vorher schon begonnen und sein tatsächlicher Beginn kann ebensogut gleichgesetzt werden mit der frühesten Bildung christlicher Gemeinschaften, wie mit dem Beginn der Völkerwanderung, mit dem Verfall und Untergang des römischen Imperiums usw. Überall handelt es sich um Erscheinungen, zu denen das Werden der mittelalterlichen Kulturwelt in unmittelbarer, lebendiger Beziehung steht, sie charakterisieren sich nicht als an und für sich mittelalterlich, aber gehören doch lebendig zu dem Werden des Mittelalters. Und so wie hier ist das Beginnen jeder einzelnen Kullturwelt in jedem Falle undeutlich; es ist immer ein *stilles* oder verschwiegenes Werden, so prägnant auch die Bewegungen und Erscheinungen sein mögen, mit denen es zeitlich und räumlich wesenhaft verbunden ist.

So reicht auch der Beginn der besondersartigen, heute noch bestehenden *nach*mittelalterlichen Kulturwelt - still und verschwiegen, kaum deutbar aber doch deutlich - weit zurück in das endende Mittelalter. Je spektakelnder sich die Entartungen, der Verfall und das Enden betonten, um so lebendiger entwickelte sich die *neue* Kulturwelt, das *nach*mittelalterliche Europa. Das geschah allerdings nur unter der Oberfläche, immer nur »nebenbei«, es war sich nirgends bewußt, daß eine wesentlich neuartige Kulturwelt beginne. Ihre glühendsten Vorkämpfer, die ohne weiteres bereit waren, für ihre seherischen Ideen auf den Scheiterhaufen zu gehen, waren stets überzeugt, für ein besseres *Mittelalter* zu kämpfen und zu sterben. Selbst dann noch, als die nachmittelalterliche Kulturwelt sich bereits freimütig äußerte, als ihr verschwiegenes Glühen hell aufflammte, ihr eigentliches Beginnen *beendet* war und sie bereits dem Mittelalter eigenwillig gegenüberstand, glaubten diese Vorkämpfer nicht an sie als an eine Kulturwelt, die dem Mittelalter in wichtigsten Hinsichten schroff gegensätzlich sei.

Jede neue Kulturwelt bleibt so lange strittig, bis sie im *vollen Blühen* ist, so daß mit vielem Recht behauptet werden kann, sie bleibe so lange strittig, bis sie anfange, schon wieder zu verblühen, zu entarten, zu enden. Man könnte ihren anfänglichen Zustand als ihr vorgeburtliches Leben bezeichnen. Und so wie in der Natur dem leise grünenden Vorfrühling gewissermaßen explosiv das strahlendste Blühen des ganzen Jahres folgt, so folgt auch einem lange unterdrückten, aber unbändigen Drängen und Wollen jeder anfänglichen Kultur gewissermaßen explosiv das strahlendste Blühen ihres ganzen Lebens.

Wenn die einzelne Kulturwelt sich zuerst frei äußert, tut sie das, als ob sie erlöst sei, dann äußert sie sich immer in einem seltenen Maße lebensfreudig und stark, ihre Äußerungen sind in einem seltenen Maße Ausdruck innerster Bewegungen und sie gestaltet sie in einem seltenen Maße *schöpferisch*. Das heißt zum Beispiel auch: Wo die Kultur »blüht«, baut sie meisterlicher als dort, wo sie beginnt und wo sie endet; aber blühen tut sie nur dort, wo sie auf allen werklichen Gebieten meisterlich ist.

Es gilt allgemein als sehr selbstverständlich, die höchste Kraft und das sicherste Gedeihen der einzelnen menschlichen Lebenswelt dort zu suchen, wo diese in der ungefähren Mitte zwischen dem ersten Beginnen und dem letzten Enden steht. So kann es auch als allgemein selbstverständlich gelten, die höchste Kraft oder das üppigste Blühen der einzelnen Kulturwelt mit ihrer ungefähren *Lebensmitte* zwischen dem ersten Beginnen und dem letzten Enden gleichzusetzen. Es darf dann nur nicht das Beginnen der einzelnen Kulturwelt dort gesucht werden, wo diese sich bereits selbständig und eigenwillig äußert; andernfalls wäre zu folgern, daß - im Gegensatz zu allen sonstigen Lebenswelten - die Kulturwelten ihre höchste Kraft und das üppigste Blühen unverständlicherweise während ihres ersten Beginnens hätten. Ein Anfang aber hat immer eine lange Vorgeschichte, die einer neuen Lebenswelt so wesenhaft zugehört, wie deren lange dauernder Endprozeß, nur daß dieser sich auf Schritt und Tritt sehr körperhaft, sehr materiell äußert, während ihre Vorgeschichte in erster Linie geistiger, seelischer Art ist.

Wie jede schöpferische Kraft und deren wesenseigene Entwicklung in *innerlichen* Lebenszuständen wurzelt, denen von außen her *wissentlich* förderlich in keiner Weise beizukommen ist, so wurzelt auch jede zukunftsreich werdende Kulturwelt in den stillen, dunklen, unbegreiflichen Tiefen der menschlichen Welten. Sie ist immer *auch* mit der »Außenwelt« verbunden und reagiert lebendig auf äußerliche Welterscheinungen, aber sie wurzelt nicht in ihnen; sie sind ihr immer wesensfremd. Die beginnende Kulturwelt ist in erster Linie durch den Glauben bewegt, der in einem höchsten Maße der Glaube an eine »ganz andere«, an eine zeitlich und räumlich unbegrenzte, *ewige*, unbegreifliche, un-«praktische« Welt ist. Deshalb könnte sie auch als unsinnig oder als sinnlos gelten wenn sie nicht den Sinn hätte, die *Verneinung* alles *betont Äußerlichen* zu sein; die Verneinung ist eine naturgesetzliche Folge alles betont Äußerlichen, alles betont Vergehenden.

Jede neu beginnende Kulturwelt hat allein den Sinn, dem handgreiflichen Regiment menschenweltlichen Untergehens ein Unendliches, ein sehr *unbegreiflich* Menschenweltliches gegenüberzustellen. Da es aber ein überhaupt unendlich, unbegreiflich Menschliches nicht gibt, kann sie auch »praktisch« ihrer Aufgabe nur dadurch gerecht werden, daß sie sich bescheidet, dem *grob* Äußerlichen, dem betont Eigenartigen, dem hart Umgrenzten, dem offensichtlich Endenden und dergleichen etwas entgegenzustellen, das nur ungefähr, nur sehr bedingt oder das nur *auch* äußerlich, eigenartig, endlich usw. sei. Dies zu tun ist für jede Kultur immer und überall ein höchstes *Gebot*, das sie auch immer und überall lebendig empfindet und gut versteht und darum auch meist anerkennt und immer wieder neu formuliert; aber so wie dies ein praktisch höchstes Gebot ist, so ist es auch ein praktisch am schwersten zu erfüllendes Gebot.

Das verschleiernde Herumdeuteln an höchsten menschenweltlichen Geboten, Gesetzen und Ordnungen ist jeder Kultur immer geläufig. Sie praktiziert dies jedoch am meisten dort, wo sie endet und am wenigsten dort, wo sie beginnt. Eine Kultur kann überhaupt nicht beginnen, ohne gerade den höchsten *menschlichen* Geboten weitgehend zu entsprechen oder zu gehorchen. Nur wo sie das tut, ist praktisch genommen *neues* Kulturbeginnen.

82

Andererseits kann sie überhaupt nicht enden, ohne eben alle diese höchsten menschlichen Gebote in einem außerordentlichen Maße wegzudeuteln oder zu verleugnen, zurückzudrängen, zu bekämpfen und auszuschalten; und nur dort, wo sie das tut, wo mehr und mehr alle offiziell gültigen Gebote oder Gesetze und Ordnungen betont willkürlicher, strittiger oder betont äußerlicher Art sind, nur dort ist praktisch genommen Kulturuntergang.

Das anfängliche Beginnen, das folgende Blühen und das schließliche Enden der einzelnen Kulturwelt kennzeichnet sich am besten durch ihr wechselndes Verhalten einerseits zum *Besonderen* und andererseits zum *Allgemeinen*. Während sie beginnt, hat sie fast nur Sinn für allgemeinste Lebens-, Kultur- oder Menschheitsfragen, für solche Anschauungen, Lehren und Ordnungen, die *immer* und *überall* gelten, die es immer schon gab und die nie als *besondersartig* verstanden werden können. Und dementsprechend ist sie während ihres ersten Beginnens nie so recht als eine besondersartige Kulturwelt erkennbar; sie kennzeichnet sich als solche erst, nachdem sie im Verlaufe ihrer ersten Anfänge oder Entwicklungen ein lebendigeres Verhältnis zum Besonderen entwickelte, um sich dann *besondersartig* von allen sonstigen Kulturwelten zu unterscheiden.

Beim Beginn ist alles, was sie äußert, in sehr kindlicher Weise ihrem *innersten* Leben gemäß oder mit ihm verbunden; dann ist überhaupt das an und für sich *Gegensätzliche*, das Äußerliche und das Innerliche, ebenso wie etwa das Anfängliche und das Endende oder das Allgemeine und das Besondere usw. in einem höchsten Maße miteinander verbunden, vereinheitlicht, harmonisiert.

Aber wie sich eine beginnende Kulturwelt aus einem undeutlichen, *unbegreiflichen*, betont geistigen, seelischen Leben her verdeutlicht, so entwickelt sie sich in der Folge ununterbrochen in dieser Richtung. Sie verbindet bald nicht mehr das Geistige und das Körperliche, das Innerliche und das Äußerliche oder überhaupt das Gegensätzliche im gleichen Maße miteinander, sondern sie entfernt sich mit allen Entwicklungen von allem Unbegreiflichen, Unkörperlichen, betont Geistigen oder Seelischen. Sie wird wieder - so wie sie während ihres ersten Beginnens auch war - *parteilich*, nur, daß sie jetzt gerade das unterbewertet, zurückdrängt und schließlich bekämpft, was ihr anfänglich als das allein Wichtige galt; und so unterbewertet und bekämpft sie nun unter anderem auch das Allgemeine, um dafür das Besondere zu betonen, zu überbewerten und zu verherrlichen. Das, was *allen* Kulturen gemeinsam ist und was sie alle *verbindet*, tritt zunehmend mehr zurück.

Damit beginnt sie das Besondere, das Abgesonderte, das prägnant Persönliche als etwas an und für sich Hohes und Höchstes zu verstehen, es als solches zu kultivieren, und im gleichen Maße das Allgemeine, das »Alltägliche« als etwas an und für sich Geringes oder Minderwertiges zu deuten. Sie beginnt, sich zu *zergliedern* in eigenwilligste und eigenartigste kleine und immer kleinere einzelne Kulturkreise, zwischen denen dann alles lebendig Vermittelnde, Ausgleichende oder Vereinheitlichende immer schwächer wird, sich immer mehr verliert, bis sich dann alles und jedes, jeder Teil eigenwillig, ablehnend und *feindlich* gegenübersteht. So ist die Kulturwelt dann schließlich nicht mehr ein einheitlich großes Ganzes sondern ein tausendfach Zerteiltes, das sich unaufhaltsamer und absonderlicher zerteilt oder das in immer kleinere unverbindliche Teile zerfällt. Dort löst sie sich auf, dort ist ihr Ende.

Jede Kulturwelt ist bis zu einem gewissen Grade immer uneinheitlich; aber sie ist das am meisten, wenn sie endet. Dann ist alles Einheitliche, alles einheitlich Verpflichtende und Bindende in einem höchsten Maße *äußerlicher* Art, fast nur noch äußerlich begründet oder äußerlich gewaltsam erzwungen. Es ist aber immer ein höchstes und letztes Ziel oder *Gebot* jeder Kulturwelt, das Besondere oder das Einzelne nie höher zu werten, es nie stärker zu kultivieren als das Allgemeine oder das große Ganze und umgekehrt.
Dieses *Ziel* - als ein letztes und höchstes Kulturziel - zu erreichen, ist jedoch unendlich schwer, und so erreichte auch aller bisheriger Menschheitsgeschichte nach die einzelne Kulturwelt dieses Ziel nur dort so ungefähr, wo sie von einem anfänglichen Überwerten des Allgemeinen, auf dem Wege nach einem schließlichen Überwerten des Besonderen, den Übergang oder die Mittelstellung zwischen hier und dort passierte.
Über diese Passage oder Mittelstellung hinaus waren noch in jeder Kulturwelt ihre Entwicklungen gleichbedeutend mit einer einseitigeren oder parteilicheren Betonung des Besonderen und jeder betonte Kampf dagegen verlief immer wie ein Kampf gegen die *Kul-*

tur überhaupt; denn es gehört zu ihr, ist ihr eigentümlich, daß sie *auch* endet. Es ist der Kultur natürlich, sich gegen ihr Enden zu wehren, aber es ist ihr *auch* natürlich, sich *nicht* dagegen zu wehren. Es ist ihr nicht natürlich, was fallen will, noch zu stürzen, aber es ist ihr auch nicht natürlich, ihr Enden als solches extra zu verneinen. Sie verneint und bejaht es immer irgendwie, aber die lebendigsten Kulturinteressen beziehen sich dort, wo eine Kultur endet, lange schon nicht mehr auf gerade diese *besondere* endende Kultur, lange schon nicht mehr auf deren besondersartige Äußerungen, Anschauungen, Neuerungen, Gesetze und Ordnungen usw. sondern beziehen sich dort lange schon auf Kultur *überhaupt*, auf *allgemeine* Kulturgesetze oder auf allgemeine, darum auch älteste und in aller Zukunft überall gültige Kultur- oder Menschheitsfragen.

Wie der nätürlich alternde Mensch lachend glücklich und beglückend, in höchstem Maße kulturdienlich und -bereichernd sein kann, so ist auch die endende Kultur nie so ohne weiteres niedriger Art. Ihre Enderscheinungen können auch als das Verneinende eines geringeren und Beginnen eines höheren Lebens gedeutet werden. Sie steht im Enden immer eindeutig um so niedriger, je erbitterter sie ihr Enden bekämpft oder zu leugnen sucht. Sie kann während ihres Endens sehr lebensfreudig still bemüht sein noch lange zu leben, und gerade ein stilles, humorig lächelndes Bemühen um ein möglichst langes Leben kann das Enden strahlend vergolden, aber sie kann nicht ihr Enden überhaupt verleugnen.

Werden und Werten
der Großstadt

Das Werden einer neuen, andersgearteten Kultur zeigt sich erst dann, wenn sie ihren *eigenen* Ausdruck findet, der anfänglich immer stark überdeckt ist.

Der Anfang der ursprünglichen großstädtischen Lebenswelten in der Renaissance ist als solcher im allgemeinen kaum noch erkennbar; er ist seinen äußeren Lebensbildern nach seit langer Zeit den folgenden Großstadtwelten überhaupt nicht mehr ähnlich. Sie haben sich - generell jugendweltlich oder jugendweltlichen Geistes - immerfort unruhig ins Weite strebend, fortschrittsgläubig und »entwicklungsbetont« dermaßen verändert, daß sie im Hinblick auf ihren Anfang kaum wiederzuerkennen sind. Und doch begannen sie einmal, die mittelalterliche Welt abzulösen, kulturführend zu sein und stärker und stärker zu werden. Die zeitliche Grenze zeichnet sich als solche nicht scharf ab und auch die räumlichen Grenzen verlieren sich irgendwo in der Ferne. Auch hinsichtlich ihrer geistigen Art sind die Grenzen sozusagen natürlich und entsprechen denen zwischen den verschiedenen Entwicklungs- und Reifeperioden im Lebensablauf des einzelnen Menschen. Sie sind immer nur insoweit bestimmt oder bestimmbar, als die großstädtischen Lebenswelten *allgemein* andere Eigenheiten *betonen* als die dörflichen und kleinstädtischen Lebenswelten.

Es ist eine alte tiefe Wahrheit, daß wir Menschen uns am wenigsten kennen und mit den gemeinschaftlichen Lebenswelten ist es nicht anders; auch sie sind meist weit davon entfernt, sich richtig zu beurteilen. Deshalb ist es heute auch so gut wie unmöglich, die speziell großstädtischen Lebenswelten überzeugend zu charakterisieren oder als besonders geartet anzuerkennen. Sie beherrschen und führen die *gesamte* Kultur und wehren sich - wenn es darauf ankommt - immer dagegen, gekennzeichnet zu werden. Die Großstadtwelten interessiert nicht - echt jugendlich - zu erfahren, wie sie sind, sondern wohin sie sich entwickeln, allein der Glaube an die Zukunft gilt ihnen. Tatsächlich sind sie mit der gesamten Kultur dermaßen reich und unbestimmbar verbunden, daß die Dörfer und Kleinstädte und Großstädte miteinander *auch* so etwas wie eine »einheitliche« Lebenswelt bilden. Europa - wie überhaupt jede Kulturwelt, die neben Dörfern auch Städte und Großstädte hat - betrachtet das Neben- oder Miteinander dieser verschiedenen Siedlungsarten als selbstverständlich und übersieht dabei gerne, daß es doch drei durchaus *wesensverschiedene* Siedlungsarten unterschiedlichen Geistes sind. Ihr heutiges Nebeneinander oder Miteinander ist nur in einer Welt möglich, die fast jeden Sinn für das Harmonische oder Friedliche verloren hat und alles in erster Linie materialistisch bewertet.

Auch wenn die kleineren und größeren Städte sich *unbegrenzt* vergrößerten und dann - vorwiegend durch rein *praktische* Erwägungen bestimmt - sich entweder schnell nur äußerlich zu »Groß«städten entwickelten oder trotz des vorstädtischen Siedelns nach wie vor äußerlich kleine Städte blieben, sie stimmten geistig dem Großstädtischen immer lebendig zu. Ebenso waren oder wurden seither auch die Dörfer dem Geiste nach immer mehr vorstädtisch-großstädtisch. Sie verneinten das Dörfliche und taten das um so mehr, je lebendiger sie geistig waren, so daß gerade die geistig lebendigsten Dörfler das Dorf am eiligsten mit der Stadt oder der Großstadt vertauschten. Dorf oder Stadt suchten sich um so schneller und um so mehr als vorstädtisch-großstädtisch herauszuputzen, je lebendiger sie im Sinne »neuzeitlichen« Denkens und Strebens waren. Die Vergroßstädterung war das zwar unbewußte, darum auch immer sehr umstrittene, aber doch das eigentliche, allein gültige, absolut unveränderliche Ziel des besondersartigen nachmittelalterlichen Europa; es wurde darum auch zunehmend allgemeingültiger und als das eigentliche Ziel immer deutlicher.

Dorf und Stadt sind lange schon willige *Trabanten* der Großstadt und haben verzichtet oder im Verlaufe der zunehmenden Machtstellung der Großstadt verzichten müssen, eigenwillig dörflich oder kleinstädtisch sein zu wollen. Sie mußten, je mächtiger die Großstadt wurde, kulturell zunehmend mehr zurücktreten. Es dominieren die sogenannten Großstädte, die mit kindheitlichem Geist oder mit nachkindheitlich-vorjugendlichem Geist nur noch wenig zu tun haben und ihm nicht selten ausgesprochen feindlich sind.

Beim Betrachten aller Wandlungen des Großstädtischen ist erforderlich, immer zwischen dem *überhaupt* oder *elementar* Großstädtischen und dem *betont* Großstädtischen gut zu unterscheiden. Wir verstehen

heute gemeinhin als großstädtisch nur die betont großstädtische Kultur und geraten damit zu allen möglichen Theorien der Kulturentwicklung, die uns hin-
dern, die Beziehung gut zu erkennen, die zwischen
aller neueren Kultur und der voraufgegangenen mittelalterlichen Kultur Europas besteht.

Die großstädtische Kultur begann als unmittelbare
*Nach*folgekultur des Mittelalters bereits etwa mit dem
15. Jahrhundert, also mit der Renaissance. Dort beginnt
eine Kultur, die zwar immer als städtisch, als »groß«-
städtisch benannt wird, die aber allem *eigentlich Städtischen* immer - wenn auch immer sehr unbewußt -
feindlich war und die darum auch - wenn auch wieder sehr unbewußt und ungewollt - alle Städte um so
mehr vernichtete, je mehr sie sogenannt »großstädtisch«
wurden oder korrekter: je mehr sie sich seit Ausgang
des 18. Jahrhunderts, seit der französischen Revolution, als »großstädtisch« mehr und mehr betonten.

Dort begann unsere nachmittelalterliche, führende
Kultur bestimmte Anschauungen, Bestrebungen und
Lebensformen, die ihr wesenseigen waren, nicht nur
geltend zu machen sondern als allein richtig zu deuten. Die Großstadt war immer betont lebenshungrig,
war immer fiebernd bemüht, sich als entwicklungs-
reich zu erweisen und lebendigste Entwicklungen und
Wandlungen zu haben. Sie war - immer fortschrittsgläubig - allem Gebundenen, Gefestigten, Gleichblei-
benden und damit auch allen festen Gesetzen im
Grunde genommen feindlich, sie war betont revolutionär und wurde das bis heute zwangsläufig mehr
und mehr.

Es sind nicht die offiziellen Stadtzentren und restlich

gebliebenen Stadtanlagen früherer Geschichte, die die Großstädte als solche kennzeichnen, sondern es sind die vorstädtischen Welten, die von Anfang an ein Wesentliches aller Renaissance waren und bis heute ein Wesentliches aller nachmittelalterlichen großstädtischen Kultur geblieben sind. Sie sind das Entscheidende und sie sind zunehmend um so entscheidender geworden, je mehr die Großstadt als solche sich entwickelte. In diesen Vorstadtwelten vor allem wurzeln alle ernsten unbeantworteten Fragen der Kulturprobleme aller neuen Weltgeschichte; sie häufen sich in dem gleichen Maße, in dem die Vorstadtquartiere sich häufen und die Großstädte sich betonen.

Der unendliche Reichtum an verschiedenartigen und gegensätzlichen Erscheinungen, den die großstädtische Lebenswelt hat, macht es ebenso leicht, sie abzulehnen und zu verurteilen, wie sie zu bejahen und zu verherrlichen. Soweit wir an die Großstadt *glauben* und glauben *wollen*, werden wir sie auch immer leicht im Sinne unseres Glaubens deuten und rechtfertigen können.

Wenn heute die Großstadt in aller Welt führend ist, beruht das nicht darauf, daß sie überhaupt besser wäre als die Kleinstadt oder das Dorf, es beruht darauf, daß sie gewisse Eigenheiten betont, die der Kleinstadt oder dem Dorf allgemein nur wenig gelten, die aber doch hinsichtlich der gesamten menschlichen Kultur und ihrer Entwicklung größten Wert haben. Zu diesen besonderen Eigenheiten zählt unter anderem vor allem das sozusagen »*Weltoffene*« oder »*Weltbürgerliche*« und auch der Sinn für alles »*Internatio-*

nale«, zählen also Eigenheiten, die immer, wenn auch meistens nur sehr oberflächlich, außerordentlich lebendig sind. Die Großstadt verdeutlicht besser, als es je vor ihr verdeutlicht wurde, daß die menschliche Kultur schon dem ganz einfachen Verstehen nach ein *Einheitliches* ist. Durch die Großstadt wurde »*die Welt aufgeschlossen*«.

Die einzelnen Kulturkreise oder -welten strebten immer dahin, ihre Zugehörigkeit zur gesamten menschlichen Kultur zu verdeutlichen und zu dokumentieren. Jede einzelne Kulturwelt wurde um so höher gewertet, je mehr sie der *Menschheit* zugehörte. Auch die menschlichen Lehren, Gesetze und Lebensaufgaben galten immer nur insoweit, wie sie als Menschheitslehren, -gesetze oder -aufgaben deutlich waren und verstanden wurden.

Was die gesamte menschliche Kultur als Höchstes wertet, das ist überhaupt menschlich Höchstes, während alles, was nur ihre Teilwelten als Höchstes werten, nicht überhaupt menschlich Höchstes sein kann.

Die Großstadt war zutiefst immer - ob sie das wußte und wissentlich wollte oder nicht - ein gesamtweltlich Einheitliches, bezog sich im Grunde genommen nie allein auf diese oder jene Menschen oder auf diese oder jene Lebenskreise sondern auf die gesamte Kultur oder auf die Menschheit. Beim Streben, dies zu verdeutlichen, war die Großstadt oder waren die speziell großstädtischen Lebenswelten immer obenan und unvergleichlich viel erfolgreicher als alle dörflichen und kleinstädtischen Lebenswelten.

Die Menschheit oder die menschliche Kultur betrachtet sich allerdings heute noch - wie sie das schon immer getan hat - als eine Vielheit ungezählter einzelner Menschheits- oder Kulturwelten und betont im allgemeinen lieber das Unterschiedliche und Trennende als das Gemeinsame und Verbindende dieser einzelnen Welten. Aber durch die Großstadt - ob sie das wollte oder nicht - wurden alle Teilwelten zugänglicher. Die Welt wurde »kleiner«; ihre räumlichen, aber auch ihre »geistigen« Entfernungen wurden geringer, die menschliche Kultur wurde dem großen Ganzen wie den Teilen nach verständlicher. Aber dieser Entwicklungsprozeß der menschlichen Kultur wirkte sich auch grauenhaft aus und machte es zum Beispiel möglich, die fernsten, verträumtesten Kulturen zu durchsuchen und auszuräubern. Die unmittelbaren Folgen davon waren entsprechend übel.

Verantwortlich dafür war der Entwicklungsprozeß der menschlichen Kultur, der gegen Ende des 15. Jahrhunderts besonders heftig und nachhaltig einsetzte und dessen Ende noch nicht abzusehen ist. Er war insgesamt ein äußerst wilder Prozeß, voller unmenschlicher Verwüstungen, aber auch voller strahlender Großtaten, ohne die es ein sündhaftes menschliches Kapitel überhaupt nicht gibt. Er bereicherte die Menschen an Erkenntnissen und an materiellem Besitz schneller und mehr, als Dorf und Kleinstadt das in jahrtausendelangen Kulturentwicklungen getan hatten. Zu diesen Erkenntnissen und handgreiflichen Werten zählt eben auch, daß inzwischen für alle Welt die *gesamte* menschliche Kultur als *einheitlich* verdeutlicht wurde. Und diese Deutlichkeit ist für die Menschheit etwas sehr Großes.

Hier liegt das besondere Verdienst der Großstadt. Nur

dies gibt dem unendlich vielen unheimlichen Unsinn, an dem sie schon immer fiebernd krankte und mit dem sie immer mehr dahin gekommen ist, daß heute eigentlich die gesamte menschliche Kultur, alle menschlichen Entwicklungen, aller Fortschritt ein einziger grauenhafter Unsinn zu sein scheint, gibt diesem Unsinn den tiefen Sinn.

Das Weltoffene ist hier so etwas wie der Generalnenner alles dessen, was für sie kennzeichnend ist, zum Beispiel für die allgemein selbstverständliche Hoch- und Höchstwertung großweltgültger Machtzentralen und Zentralisationen wie auch großweltgültiger Lebensformen, Bindungen und Freiheiten. Aber: Die Großstadt, so hoch und allgemein sie das auch *wertet*, ist weit davon entfernt, es auch nur in nennenswertem Maße wirklich zu *besitzen*. Nicht so sehr sein Besitz wie der lebendige Glaube an das alles, das lebendige Streben nach alledem, kennzeichnet sie. So betrachtet ist der Glaube an die Großstadt ein schönster *Glaube*, wenn es nur nicht so durchaus zweierlei wäre, an etwas zu glauben, was man im Grunde nicht besitzt, nur meint zu besitzen oder an etwas, was erst zu erringen oder zu bilden ist.

Die Großstadt, die sich besonders während der letzten hundert Jahre zunehmend schneller zu einer großen, strahlenden Macht entwickelte, diese Großstadt erlebt heute überall ihre schwersten Tage. Sie ist weit davon entfernt, ihre heutigen Zustände als unglücklich zu verstehen sondern ist fest davon überzeugt, daß sie zukünftig noch größer und mächtiger, glücklicher und beglückender sein wird, als sie je war.

Eigenheiten und Formerscheinungen
der heutigen Großstadt

Im Verlaufe des endenden Mittelalters war Europa über die besondersartigen und dominierenden mittelalterlichen Anschauungen, Lehrmeinungen, Lebens- und Werkformen vor allem *innerlich* hinausgewachsen. Auch heute wieder ist es mit seinen besondersartigen Anschauungen, Lebens- und Werkzielen, die es seit langem als beispiellos wertete und als endlos entwicklungsfähig verstand, in den krisenhaften Zustand einer »Kulturwende« gekommen. Das bedeutet praktisch und ganz zuerst, daß es nun auch heute wieder mit einer voraufgegangenen besonderen Kulturart *am Ende* ist.

Europa ist gegenüber dem späten Mittelalter einerseits - seinem jugendlich gereifterem Wesen entsprechend - unvergleichlich viel weltmächtiger, willensstärker, kriegerischer und zerstörungsmächtiger geworden, hat aber andererseits nicht die eindeutig bestimmte *geistige* Führung, die für das Mittelalter, auch für das endende Mittelalter noch, durch die christliche Lehre gegeben war. Es ist innerhalb seiner normalen Lebens- und Arbeitspraxis an hohen verbindlichen Lehren oder Weltanschauungen zunehmend ärmer geworden, während es gleichzeitig *werklich* zunehmend aktiver und äußerlich mächtiger wurde.

Sein Zustand ist im Grunde genommen dem Zustande gleich, den alle entwicklungsreichen Kulturwelten mit jeder »Kulturwende« erleben; aber er ist unvergleichlich viel spannungsreicher und schicksalsträchtiger als alle bisherigen Kulturwandlungen Europas waren. Er ist begründet durch eine tief-innerliche und darum auch weitgehend unbewußte, eigenwillige Entfremdung gegenüber der gesamten nachmittelalterlichen Kulturart. Diese läßt sich aber, weil sie sich äußerlich beispiellos mächtig entwickelte, nicht so ohne weiteres ausschalten.

Die Macht- und Rechtverhältnisse, Ordnungen, kulturellen Erscheinungen und Entwicklungsbahnen, die vorauf jahrhundertelang als selbstverständlich anerkannt wurden und in ihrer Geltung unerschütterlich zu sein schienen, wurden nicht problematisch und strittig, weil sie minderer oder niederer Art sind, sondern weil ihre Zeit vorbei ist. Die Kulturart ist bedroht, in sich selbst zusammenzustürzen; sie wird nicht mehr durch die vorauf gültigen allgemeinen Lebensanschauungen fundamentlich getragen, sondern sie bedarf mehr und mehr einer künstlichen, gedanklich konstruierten Sicherung und Festigung, die Europa eifernd bejaht, weil es fürchtet, ein Einsturz der vorausgegangenen Geschichte müsse unrettbar alles unter Schutt und Wildheit begraben. Deshalb kämpft das offizielle Europa in einer betonten Hochwertung »äußerlicher«, »positiv praktischer« Erfolge, »einfach vernunftmäßiger« Ansichten und dergleichen um so erbitterter gegen alle »inneren« Unruhen, gefühlsmäßigen Überzeugungen und innere Willensbewegungen, je mehr diese den Bestand und die Entwicklungen der bisherigen besonderen nachmittelalterlichen Kulturart bedrohen. Die Macht, die es dabei ausübt, ist, wie es allgemein den großstädtischen Welten entspricht, in erster Linie rein äußerlicher, oberflächlicher Art. Europa folgt kaum noch irgendwelchen inneren oder tieferen Gedanken, Empfindungen und Überzeugungen; diese sind allenfalls nur begleitend dabei. Es ist ganz zuerst in seinem Wirken und Streben durch *oberflächlichste* Lebensforderungen, Bindungen, Wertungen und Mächte bestimmt.

Diese Zivilisation glaubt heute an sich selbst mehr, als sie je an sich glaubte und ist doch auch wieder sich selbst feindlicher, als sie es je war. Es ist oft, als interessiere sie es nur, sich selbst zu vernichten. Fanatisch zivilisationsgläubig bildet Europa gewaltige, echt zivilisatorische Super-Macht-Zentren; es ist voller superlativer Redensarten, etwa über Menschenrechte und ähnliches und ist gleichzeitig in einem denkbar höchsten Maße unduldsam und unbarmherzig, sobald der geringste Widerspruch gegen seine führenden Meinungen geäußert wird. Es bemüht sich fiebernd, daß dem großen Ganzen nach alles so weitergehen möge, wie es bisher ging und ist dermaßen voller Widersprüche, dermaßen friedensgläubig-kriegerisch, zukunftsgläubig-reaktionär, als wisse es überhaupt nicht mehr, was es eigentlich wolle.

Das gilt ganz besonders auch hinsichtlich seines Glaubens an die großstädtischen Lebenswelten. Diese waren und sind nicht überhaupt ohne jedes Vermögen, die Welt, die unmittelbar greifbare Welt, als göttlich zu verdeutlichen und zu gestalten. Aber soweit sie das zu tun versuchten und es ihnen hier und dort glückte, war natürlich auch immer der Teufel gleich äußerst mobil. Wie sich der jugendliche Mensch bekanntlich ebenso leicht und gut geradenwegs in die Hölle wie in den Himmel führen läßt, waren auch die großstädtischen, jugendlichen Lebenswelten immer dem Höllischen gegenüber genau so andächtig, wie sie eben noch dem Himmlischen gegenüber andächtig gewesen waren.

So gewiß wie das, was die Großstadt - wenn auch sehr unwissentlich - eigentlich will, etwas sehr Hohes ist, ebenso gewiß - nur viel deutlicher - ist, daß sie sich mit ihrer Entwicklung zunehmend von dem entfernte, was sie eigentlich erstrebte. Zum Beispiel: Ihrem Glauben an großweltgültige Lebensanschauungen, Gesetze, Bindungen und Freiheiten lief ein wachsender Glaube an Macht und das Kriegerische parallel. Der Glaube an großweltgültige Lebensformen führte zunehmend mehr zu unduldsamen Nivellierungen, mit denen alles um so erbitterter verneint und vernichtet wurde, je nobler es war. Im Hinblick auf diese und verwandte Tatsachen ist der Glaube an die Großstadt, an ihre Macht und ihre Entwicklungen, genau so reaktionär, wie es im endenden Mittelalter der Glaube an die speziell mittelalterlichen Stadtwelten war. Der Glaube an die Großstadt war, als sie anfing, die kleinstädtischen Welten abzulösen, ganz einfach natürlich und im Hinblick auf die Entwicklung der menschlichen Kultur tief begründet. Seither aber ist die Großstadt zu einer unheimlichen Karikatur des *eigentlich wesentlichen* Großstädtischen geworden.

Alle die großen Werke, alle die triumphierenden Gesten und dergleichen, mit denen Europa die Kulturerscheinungen seiner jüngeren Geschichte so gerne und ausgiebig feiert, sind im Grunde genommen der Ausdruck des gleichen Gefühls, das wir Menschen haben, wenn wir das Ziel eines langen, beschwerlichen Weges erreichen: eine Art Siegesgefühl, das uns auch dann noch freudig bewegt, wenn am Ziel alles ganz anders ist, als es unseren hochgespannten Erwartungen nach eigentlich sein sollte.

Die allgemeinen Formen der Kultur- und Lebenswelten und ihre Wandlungen bilden eigentlich wohl das Thema aller Weltbetrachtung. Wir können der Welt gegenüber nicht aufmerksam oder andächtig sein, ohne sie überall in ununterbrochenen Wandlungen, Veränderungen und Enwicklungen zu sehen. Wir wissen, daß es vor allem die aufmerksame Betrachtung dieser Wandlungen ist, die uns Menschen befähigt, die Welt einigermaßen gut zu verstehen und ihre Entwicklungen und ihren zukünftigen Verlauf einigermaßen im voraus erkennen zu können. Diese Tatsache hat für uns heute eine um so größere Bedeutung, als wir ganz allgemein der Welt und besonders der Zukunft gegenüber voller unruhiger, ernster und auch wohl quälender Fragen sind.

Praktisch genommen haben wir Menschen nicht nur mit den Formwandlungen überhaupt sondern in reichem Maße immer auch mit deren *Betonungen* zu tun, sie interessieren uns besonders, wenn sie sehr heftig sind. Das betonte Interesse für die Dinge und Formen und ihre Veränderungen ist an und für sich meist schon ein Beweis dafür, daß sie anders sind als sie eigentlich sein sollen. Alle *Betonungen* der Dinge und alle ihre betonten Veränderungen sind immer so etwas wie Krankheitsäußerungen unserer Welt.

Der Hinweis auf diese Tatsache berührt uns gerade heute sehr befremdend, und doch wird er durch unsere bestehenden großweltlichen Lebenszustände besonders eindringlich bewiesen; denn: Soweit wir unsere allgemeinen Lebenswelten überhaupt als kranke und gesunde Welten unterscheiden dürfen, können wir unsere heutigen Lebenswelten dem großen Ganzen nach als todkrank bezeichnen; wir müssen immer wieder feststellen, daß in ihnen fast alles außerordentlich stark betont ist. Das gilt - ganz gleich -, ob wir an ihre allgemeinen *Gefühle* oder an ihre allgemein *dinglichen Welten* oder an deren Wandlungen denken.

Die großstädtische Siedlungsform ist ein formal Größtes und gerade mit dieser äußeren Größe trumpft sie gerne. Sie will immer Größtes, worunter sie aber ganz zuerst *äußerlich* Größtes versteht; alles *innerlich* Große ist ihr dagegen hinderlich und unbehaglich. Es ist kein Zufall, daß die Großstadt, je mehr sie sich als solche entwickelt, um so mehr auch ihren Besitz an wirklich großen und hohen Menschenwerken mehr oder weniger abseits - etwa in die Museen - stellt. Das Große, das die Großstadt als solches eindeutig anerkennt, ist immer nur groß im Sinne des babylonischen Turmes.

Die Großstadt ist als menschliches Werk überhaupt nicht ernst zu nehmen. Sie ist dem Format nach so jugendlich maßlos, daß wir schon besonders wenig Sinn für das Maß haben müssen, um an die Großstadt als ein irgendwie meisterliches oder zukunftsreiches

Werk glauben zu können. Und richtig besehen glaubt auch sie selbst nicht an sich. Sie könnte nicht so unruhig-nervös *zukunfts*gläubig sein, wie sie immer ist, wenn sie an sich selbst als ein gesichertes Werk glauben würde; in diesem Fall würde sie viel *gegenwarts*gläubiger, beruhigter, sinniger und stiller sein.

Das Beste, was sie hat oder was sie selbst bildet, ist nicht eigentlich greifbarer Art sondern ist - ihrem außerordentlich lebendigen, aber anschauungsunsicheren und streitbaren Zukunftsglauben durchaus entsprechend - ein *unbestimmt unruhig Werdendes*. Sie zielt unmittelbar auf eine Welt hin, die wesentlich anders ist als sie selbst. Sie ist voll eines Ahnens größter oder höchster Weltformen. Diese liegen für sie sozusagen »in der Luft«, so daß man oft glauben möchte, es sei spielend leicht, solche Formen mit dem großstädtischen Alltag binden und greifbar haben zu können. Und doch versagt ihnen gegenüber die Großstadt gerade am meisten. Ihre lebendig größten Formen sind bestenfalls ungefähr ausnahmslos *zufallsgeworden* und haben mit einem *bewußten* meisterlich überlegenen und planmäßigen Gestalten bestenfalls nur nebenbei zu tun.

Wir erkennen dies deutlich im Hinblick auf die greifbar wichtigste und größte Großstadtform, die es überhaupt gibt, im Hinblick auf den baulichen Großstadt*grundriß*. Hier kann überhaupt nicht mehr von einem bestimmten Form*willen* gesprochen werden, sondern das Leben und Treiben einer großen menschlichen Gemeinschaft hat eine Form gebildet, die nur noch mit wildwachsenden Naturformen zu vergleichen ist. Und ob wir das Verwildern dieser Form begründen können oder nicht, es bedeutet nichts gegen die Tatsache, daß wir es mit einer absolut verwilderten *Grundform* und darum »im Grunde genommen« mit einem verwilderten Menschenwerk zu tun haben. Diese Verwilderung oder »Formlosigkeit«, die nach langer großstädtischer Führung *allen* europäischen Siedlungen eigen ist, ist ein bestes Kennzeichen für das wirkliche, handgreifliche Enden der Kulturperiode, in der Europa nun seit etwa fünfhundert Jahren steht.

Die Straßen gehören zu den menschlichen Werken, die die großstädtischen Lebenswelten »äußerlich« besonders betonen. Sie sind in ihrer Gesamtheit auf unserer Erde wie ein riesenhaftes, menschlich-unmenschliches Gespinst und sind mit allem neugeschichtlichen Zubehör, den Fahrzeugen, Kanälen, Kraftleitungen usw. wohl das Gewaltigste und Großartigste, was die Weltgeschichte der letzten Jahrhunderte erbaute und entwickelte. Aber das alles wurde ohne einen bestimmten Plan, wurde planlos erbaut und ist als Ganzes eine großweltliche unbaumeisterliche *Formlosigkeit,* es ist so formlos, wie die Linien der Landkarte sind und kann überhaupt nichts anders sein.

In der jüngeren Baugeschichte spielt der Bau von Verkehrswegen eine hervorragende Rolle und wenn wir näher hinsehen, ist überhaupt die neuere Weltgeschichte wie eine einzige Straßenbaugeschichte. Wir bauten immer mehr und immer bessere Straßen, und wenn wir sahen, daß sie uns zu nichts Rechtem führten, dann bauten wir mit Begeisteurng und Meisterschaft einfach wieder neue Straßen. Unsere Meisterschaft im Straßenbau und unsere Liebe zu ihm wurzelt in dem allgemein verbreiteten und unbedingten Glauben an den *Fortschritt*.

Die Menschen werten die Straßen im allgemeinen um so höher, sind ihnen um so mehr und tiefer verbunden und bauen um so straßigere Straßen, je unruhiger sie sind, je kritischer sie sich selbst und ihrer Lebenswelt gegenüber stehen und je mehr es ihnen um Veränderungen zu tun ist. Und so ist Europa seit Jahrhunderten zunehmend straßengläubiger geworden, und ohne diesen weitverbreiteten und lebendigen Glauben an ferne und fernste Welten und an längste, eiligste oder straßigste Straßen ist die ganze »moderne Zivilisation« und das Europa der letzten Jahrhunderte nicht denkbar. Es glaubt an sich selbst, weil es glaubt, auf dem Wege nach paradiesischen Welten zu sein und je weniger paradiesisch die Welt selbst ist, um so eifriger jagt es paradiesischen Welten nach; aber: Je mehr es das tut, um so weiter entfernt es sich davon. Dieser Tatsache entsprechend gilt aller heutigen Zivilisation jede zukunftsreiche Entwicklung ganz zuerst als eine gesteigerte Entwicklung größter und straßigster Straßen. Sie gelten jeder sogenannt modernen Welt immer mehr ganz eigentlich als das zuerst Kennzeichnende höchster Zivilisation.

In dem gleichen Maße, in dem Europa davon überzeugt ist, daß ganz zuerst das Reisen und der Verkehr zu fördern und zu steigern seien und daß die Großstädte und die Städte immer betrieblicher, industrialistischer und »weltmächtiger« werden müssen, in dem gleichen Maße wird es unabänderlich revolutionärer, gewalttätiger und kriegerischer werden; es wird allen Bestrebungen oder Erscheinungen, die auf das

Werden einer wesentlich neuartigen Kulturwelt hinzielen, zunehmend feindlicher und vernichtender gegenüberstehen. Das Unseßhafte, das Unseßhaft-Reisige, das Großstädtische und das Revolutionäre sind zutiefst das Gleiche.

Es ist leicht, an eine großstädtische Entwicklung zu glauben, denn sie hat viele und große, leicht erkennbare Verdienste; aber diese haben wir alle auf Kosten unserer Seßhaftigkeit, die immer geringer geworden ist und die wir mehr und mehr als etwas nur Nebensächliches werten. Die ganze sogenannt moderne Welt ist dem Geiste nach lange schon zigeunerisch, viel mehr als sie selbst das weiß und sich gestehen will, und sie wird es noch viel mehr werden, als sie es wissentlich werden will. Wir vergessen immer wieder, daß mit der nomadenhaften Unseßhaftigkeit eine Rückkehr zu frühesten Kulturzuständen verbunden ist.

Europa sucht heute seine Kulturzustände gerne dahingehend zu deuten, als bildeten sie den Beginn einer wesentich neuartigen europäischen Kulturwelt, während es in Wirklichkeit einer jahrhundertealten besondersartigen Entwicklungsbahn viel hemmungsloser und einseitiger folgt, als es sie früher verfolgte. Es erreicht darum heute auch viel trumpfigere Effekte als es früher erreichte; aber soweit diese besonderen Steigerungen *auch* etwas Neues sind, sind sie doch nichts Neues im Sinne einer überhaupt neuartigen Kulturwelt. Soweit Europa gegenwärtig eine Kulturwende, also eine weitgehende Veränderung seiner allgemeinen Anschauungen und Bestrebungen, Lebensgesetze und Lebensformen erlebt, muß das notwendig auf eine weitgehende Veränderung des Verhältnisses hinauslaufen, das Europa seit Jahrhunderten zu den Straßen hat und das es bis heute zunehmend mehr betont.

Die Unwohnlichkeit, das unseßhaft Reisige und dergleichen aller großstädtischen Zivilisation führte inzwischen zu Lebensformen, deren fratzenhafte Primitivität noch vor wenigen Jahrzehnten für »unmöglich« gehalten wurde. Die durch den letzten Krieg verwüsteten Großstädte wurden nicht etwa nach Maßgabe gegebener Möglichkeiten *besinnlich* und bescheiden und naheliegend wieder als ungefähr »menschenwürdig« hergerichtet, sondern die »Wiederaufbaupläne« voller krankhafter *Ideologien* wucherten wie Unkraut. Es wurde vergessen, daß die Wiederaufbaufragen viel weniger als allgemein angenommen wurde und auch heute noch bei allen Baufragen angenommen wird, mit einem unmittelbar praktischen Bauen und noch viel weniger mit Baukunst, Städtebau, Architektur und dergleichen zu tun haben als mit ganz *allgemeinen* Lebensanschauungen und Lebensfragen.
Siedlungsbewegungen sind in weitaus erster Linie geistiger oder seelischer Art.
Das großstadtweltliche Denken und Wollen, Vernichten und Gestalten entwickelte sich unaufhaltbar geradlinig dahin, wo es heute ist. Seine kulturverwüstenden Folgen datieren nicht erst seit heute, sie setzten bereits vor reichlich 100 Jahren deutlich ein und entwickelten sich zunehmend und während der letzten Jahrzehnte nur besonders schnell zum Verwüstenden. Sie treffen nicht etwa nur Europa sondern unmittelbar und unabänderlich die *ganze* menschliche Kultur.

Aber alles, was alltäglich praktisch führend ist, sucht diesen Weg zu verherrlichen und fordert zunehmend eigensinniger, doktrinärer und unduldsamer, diesen Weg zu gehen. Alle großstädtischen Lebenswelten, besonders in ihrer großenteils außerordentlich mächtigen, selbstherrlichen *Führung,* sind allem verbissen feindlich, was nicht die Großstadt und den Glauben an sie und ihre Zukunft verherrlicht oder zu verherrlichen sucht.

So veränderungsgläubig und betrieblich verändernd das heutige Europa auch ist, es hat doch immer wieder das gleiche *großstädtische Kultur-* und *Führungsregiment,* das allein von seinen speziell großstädtischen Gesichtspunkten, Problemen und Forderungen aus alles offizielle Geschehen Europas bestimmt. Und dieses großstädtische Regiment veränderte sich im Verlaufe der jüngeren europäischen Geschichte und deren Wandlungen nicht dahingehend, daß es weniger großstädtisch, weniger eigenwillig geworden wäre oder daß es sich heute dem Dörflichen und dem Kleinstädtischen gegenüber etwa »verbindlich« und »duldsam« erweisen würde, sondern umgekehrt: Das Großstädtische wurde zunehmend eigenwilliger und spezialistischer und zwingt heute unduldsamer als je, alles Dörfliche und alles Kleinstädtische, wie überhaupt alles *Nicht-*Großstädtische, sich dem speziell Großstädtischen anzupassen.

Die Großstadt glaubt heute an neuartige Werte und besonders an neuartige Äußerlichkeiten mehr als je und um so mehr, je mehr sie sich als *neuartig* betonen; nur: Sie müssen ausdrücklich *großstadtbejahend* sein. Bei alledem zeigen sich die offiziellen Führungen so düster *reaktionär* wie das führende Kleinstadt-regiment des späten Mittelalters. Auch dieses war nur dann für Neuerungen zu haben, wenn sie sich als rein *äußerliche* Neuerungen deuten ließen: *Andere* Worte für die *gleichen* Begriffe, *andere* Formen für den *gleichen* Geist, die *gleiche* Kirche. Es war aber sogleich mit dem Scheiterhaufen zur Stelle, sobald ein neuer Geist sich äußerte, der erkennbar über die mittelalterlichen Stadtwelten hinausdeutete.

Und ganz so sind auch heute die großstädtischen Lebenswelten nicht überhaupt gegen Neuartiges, sondern umgekehrt: Sie sind ausgesprochen dafür, sie müssen nur dem Geist entsprechen, der regiert. Alle Äußerungen, Worte und Formen - etwa die Haus- oder Siedlungsformen - dürfen nicht neuen Geistes sein, nicht neuen Geistes über die Großstadtwelten hinausdeuten, sondern sie sollen - echt großstädtischen Geistes - nur *abwandeln* und möglichst nur so, als ob alles »anders« sei, völlig »modernen Geistes«. Von den tiefinnerlichen Bewegungen und dem *religiös* gebundenen Glauben an Freiheit der Welt und des Menschen, die in der Frührenaissance das Werden der großen Städte einleiteten, hat man sich seit langer Zeit entfernt und es wird nicht mehr erkannt, daß heftige, auffallende, lärmende Formveränderungen oder Form-wandlungen nicht als Kennzeichen eines kraftvollen und vielversprechenden Lebens gelten können.

Mit rein äußerlichen Neuerungen war und ist jede offizielle Führung immer einverstanden, das zeigt der »Wiederaufbau« der verwüsteten Großstädte. Mit den Wiederaufbauplänen wurde fast überall in eine dunkelste Zukunft hineingeplant, damit alles noch großartiger werde, als es je war. Es zielt alles immer wieder dahin, die Großstädte und ihre Lebenswelten mehr zu verherrlichen und zu preisen, als sie je verherrlicht und gepriesen wurden. Wenn es nach den kulturführenden Großstadtwelten ginge, dann würden die Großstädte ins Endlose wachsen und würde bald kein Mensch mehr daran erinnern dürfen, daß er noch an etwas anderes glaube als an das, was ihre Führungen ihm zu glauben diktieren und daß er auch noch anderes erstrebe, als sie ihn zu erstreben zwingen.

Diese offizielle Zielsetzung, so machtgläubig wie oberflächlich und jedem Widerspruch todfeind, ist nicht von ungefähr; die heutige Gemeinschaftswelt macht es, wie noch jede Kulturwelt das während ihres letzten Endens machte. Auch die endende mittelalterliche Stadtwelt machte das nicht anders. Nur: Dort endete eine Kultur, die ein strahlend kindliches Handwerk im Blute hatte, so daß selbst noch aus dem Dunkel ihres Endens ein zauberisches Strahlen aufleuchtete.

Endende Welten und
ihre Gefährdung

Um die Großstadt oder das eigentlich Großstädtische sehr lieben oder bejahen zu können, muß man *jugendlich* empfinden und denken wollen, muß man jugendlich sein. Der krisenhafte Zustand, in dem die Welt sich heute befindet, wird - so eifrig die Welt sich auch bemüht, ihn zu ändern - im Grunde genommen doch unvergleichlich viel mehr von ihr bejaht, als sie sich dessen bewußt ist. Sie glaubt mehr, als sie das ahnt, an ein überhaupt krisenbetontes, wesentlich widerspruchsvolles Leben. Dieser Glaube ist völlig identisch mit dem Glauben der heutigen Welt an die Jugend als solche und an jugendliche Menschlichkeit, es ist ein Glaube, der heute in der Welt überall unvergleichlich viel mächtiger ist als etwa der Glaube an *vollreife* Menschlichkeit.

Wenn Europa heute so gut wie ohne alle Idealisierungen und besondere Eigenschaften hochreifer und alternder Menschen ist oder wenn solche Eigenschaften hier zur Zeit als minderwichtig und als minderwertig gelten, wenn ungefähr jeder alternde Mensch ängstlich bemüht ist, so lange wie nur irgend möglich als jugendlich zu gelten, so steht dies alles in unmittelbarer Beziehung zu unseren Verherrlichungen und zu der unbedingt führenden oder maßgeblichen Stellung der Großstadt oder des Großstädtischen.

Die Lebensbilder und Ideale der jugendlichen Lebenswelten sind von allem wesentlich Kindheitlichen wie von allem wesentlich Altersweltlichen weit entfernt. Es fehlt ihnen sowohl jeder Sinn für kindliche Unschuld und Unbefangenheit wie für altersweltliche Überlegenheit. Auf den niederen - sagen wir den wesentlich kindlichen Lebens- und Entwicklungsebenen - haben die Menschen von Natur aus ein einfacheres und glücklicheres und auch gesicherteres Verhältnis zu den Lebens- oder Menschheitsfragen und zu den menschlichen Ordnungen als auf der folgenden nachkindheitlichen Ebene. Der Jugendliche fühlt sich einerseits erhaben über alles Voraufgegangene, andererseits weiß und fühlt er aber immer deutlich an sich die Forderung gerichtet, wesentlich anders und mehr als nur jugendlich sein zu sollen, nicht weil das Jugendliche an und für sich etwas Minderes oder Geringeres ist, sondern weil er, seinen tiefinnerlichen Lebensbedingungen nach, es nicht mehr bejahen kann. Aber so schwer für ihn die hieraus entstehenden, ihn stets unerbittlich begleitenden Forderungen zu erfüllen sind, so gerne sucht er auch, sie durch jugendliches Gehabe zu überstimmen und zu überlärmen oder sucht er immer wieder so zu tun, als sei für ihn das Jugendliche etwas Höchstes. Und doch ist er hier gerade nicht mehr jugendlich sondern mit dem Jugendlichen in einer kriegerischen Auseinandersetzung. Er ist mit sich selbst völlig uneinig und sich widersprechend und ist damit wie eine Personifikation des heutigen Europa.

Das, was wir Menschen zutiefst wollen, ist allermeistens gerade dann, wenn es darauf ankommt, etwas wesentlich anderes als das, was wir obenhin betonen. So ungereimt wie es ist, das große Ganze des nachkindheitlichen, betont jugendlichen Menschen als eine Lebensperiode stillen, meisterlichen, hohen Denkens und Wirkens deuten zu wollen, so ungereimt ist es, die Großstädte als hohe reife Lebenswelten anzusehen. Reifes und Hohes und Höchstes gibt es in der Großstadt *auch*, in ihr gibt es auch kindheitlich Unschuldiges wie schöpferisch Großartiges, wie überhaupt - das muß immer wieder betont werden - keine menschlichen Lebenswelten sind, in denen nicht *auch* Himmlisches und *auch* Höllisches wäre. Aber dies ändert nichts daran, daß die speziell großstädtischen Lebenswelten sich dem großen Ganzen nach als besonders geartet betonen und ihrer allgemeinen Art nach dem halbreif-jugendlichen Menschen gleichen, der betont entwicklungsunruhig, sprunghaft wechselnd, voller Kritik gegen alles, mit allem unzufrieden und gleich daneben das Widersprüchlich-Superlative bejubelnd, außerordentlich kriegerisch doch immer auf der Bahn ist, ein reifer Mensch zu werden.

Wie im endenden Mittelalter die gesamteuropäischen Probleme meist in der mittelalterlichen Stadt oder in dem *betont* Mittelalterlichen wurzelten, so wurzeln unsere heutigen gesamteuropäischen Probleme meist in der Großstadt, mit der das renaissanceweltlich Jugendliche, das idealistisch unterstrichene halbe Können bis in die letzten Möglichkeiten hinein geltend gemacht wurde und auch immer noch wieder geltend gemacht wird. Der seit *langem* anhaltende echt jugendweltliche Entwicklungsprozeß hat Europa mehr und mehr in die Lebensgefahr gebracht, die in jeder willensstarken und machtvollen aber direktions- oder führungslosen Aktivität liegt. Dies ist der besondere Gefahrenzustand des heutigen Europa, der nirgends so greifbar deutlich ist wie in den Großstädten, die mit Vernichtungsenergien geladen sind wie die Gewitterwolken mit Elektrizität. Und dies ist auch der gleiche Zustand, der jeden Untergang früherer großstädtischer oder großstädtisch geführter Kulturwelten begründete.

Wäre die bisherige Menschheitsgeschichte klar und übersichtlich, dann würde sich zeigen: Zum einen, daß zahlreiche mehr oder weniger hochstehende Kulturen untergegangen sind, von denen unsere Schulgeschichte wenig oder nichts weiß, zum anderen - wie bereits gesagt -, daß ausnahmslos alle Kulturen dort endeten, wo sie in einer Kulturwende standen.

Wenn der einzelne Mensch krisenhaft krank ist, gibt es für ihn drei Möglichkeiten: Entweder stirbt er mit der Krise oder er ist am Ende der Krise »wie neugeboren« oder aber die Krise untergräbt seine Gesundheit dermaßen, daß er nachfolgend von aller blühenden Gesundheit weit entfernt dauernd kränkelt. Auch für die einzelne Kulturwelt, die eine Wende erlebt, gilt, daß sie entweder »untergeht« oder sehr bald »wie neugeboren« sein wird; es ist aber auch möglich, daß sie früher oder später in einen dauernd »kränkelnden Zustand« kommt, der bestenfalls nur noch sehr vereinzelt so etwas wie hochgestimmte Lebensmomente - will sagen: vereinzelte hochkultivierte Menschen oder hohe und vielleicht höchste Menschheitsäußerungen - zeigt, dem großen Ganzen nach aber wie ein Zustand kulturellen Dahinkümmerns ist.

Jede menschliche Lebenswelt, die persönliche wie die

groß- und größtgemeinschaftliche, ist, wo sie endet, wie gottverlassen. Sie endet, weil sie sich von ihren wesenseigenen Lebensquellen weit entfernte und es geht dabei immer unmittelbar um Leben oder Tod. Je jünger die Kulturwelten sind, um so leichter überwinden sie auch den immer äußerst gefährlichen Wechsel ihrer unterschiedlich naturgesetzlichen Lebens- oder Entwicklungsperioden; und so war auch der Übergang vom Mittelalter zur Renaissance - so tiefgreifend und ernst er die europäische Kulturwelt erschütterte - für sie doch viel ungefährlicher als der Kulturwechsel ist, den sie heute erlebt. Mit dem Großstädtischen, dem großstädtischen Regiment abschließend fertig zu werden, ist für sie um so schwerer, je eifernder sie vom Beginn der Renaissance ab dem Großstädtischen auf dem Wege des Vorstädtischen zusteuerte. Europa ist heute dem Großstädtischen gegenüber unvergleichlich mehr befangen als das Mittelalter dem Mittelalterlichen gegenüber befangen war. Und dementsprechend ist die gegenwärtige Kulturwende für Europa unvergleichlich viel lebensgefährlicher.

Wäre es der Kultur praktisch möglich, während ihres Endens überhaupt nichts zu bilden, was einen längeren Bestand haben solle, und würde sie wissen, daß *sie* besonders wenig wisse und daß sie auch bestenfalls nur sehr Bescheidenes zu erwirken vermöge, dann würde sie den Prozeß ihres Endens eigentlich aufheben. Jedenfalls wird er gerade dadurch zu einem Endprozeß, daß sie zunehmend eifernder Großartiges und »Ewig-Gültiges« neu zu bilden sucht.

Je ruhiger, »gelassener«, besinnlicher eine Kultur an und für sich ist, um so weniger wird sich ihr Enden betonen. Zum Beispiel endete die wesentlich *dörfliche* Kulturwelt des vormittelalterlichen Europa zwar auch unruhig bewegt, aber sie war während ihres Endens viel weniger unruhig und fiebernd krankheitlich, als die wesentlich *stärkere* Kulturwelt des Mittelalters während ihres Endens war, sie endete dementsprechend unvergleichlich viel weniger markant als das Mittelalter. Und so verläuft das Enden jeder wesentlich *großstädtischen* und *großstädtisch* regierten Kulturwelt, da sie ihrem ganzen Wesen nach *hochprozentig* unruhig, betrieblich und lebenshungrig ist, unvergleichlich viel mehr im Sinne einer Kulturauflösung, -zersetzung oder -verwüstung, als das beim Enden jeder nichtgroßstädtischen Kultur der Fall ist. Deshalb folgte auch, wenn eine großstädtische und großstädtisch geführte Kultur endete, bisher noch nie eine Kulturerneuerung, sondern es blieb bisher immer so etwas wie ein gespenstischer Kulturfriedhof übrig. Dieser drohende Gefahrenzustand wurde bisher noch in keiner Geschichte überwunden, wie auch bisher noch keine Kulturwelt ihre Großstadt überwinden konnte, sondern umgekehrt: Die Großstadt hat bisher noch immer jede Kultur überwunden, die großstädtisch war. Alles »Siegen« der Großstadt ergab bisher noch immer ihre eigene Vernichtung.

Es gab oder gibt bisher noch keine nach- oder übergroßstädtische Kultur und so können wir deren größere Macht oder überhaupt deren praktische Möglichkeit auch nicht eindeutig beweisen. Bisher sind noch alle großstädtischen Kulturen spätestens mit dem Großstädtischen zugrunde gegangen. In diesem Zugrundegehen kann der Beweis für eine besondere

Schwäche des Großstädtischen gesehen werden, was aber auch nicht ohne weiteres ein Beweis für die größere Kraft oder für die größere Weltmacht eines Groß- oder Übergroßstädtischen ist.

Europas heutiger Zustand läßt sich mit dem Zustand vergleichen, in dem die uns bekannten großen geschichtlichen Kulturwelten während ihres letzten Endens waren. Dabei ist selbstverständlich zu bedenken, daß neuere Kulturwelten weit zurückliegenden immer nur bestimmten allgemeinen Wesenszügen nach gleichen können. Sie gleichen sich darin, daß sie großstädtisch waren; in ihnen allen dominierten bestimmte großstädtische Eigenheiten, neben denen die besonderen Eigenheiten nichtgroßstädtischer Lebenswelten kaum nennenswert zur Geltung kamen.
Alle Zeugnisse, die wir über die Eigenheiten früherer Großstädte haben, beweisen, daß sie immer betont unruhigen Geistes waren und immer männlich-jugendliche Eigenheiten betonten. Sie waren voll empfindlichen Strebens und Prahlens und Machtgier. Hohe und edle Menschlichkeit kam in ihnen nur nebenbei, nur andeutungsweise zur Geltung, diese war auch dort sicherlich durchaus nicht selten, aber sie stand so abseits, wie sie in unseren Großstädten abseits steht. Für alle geschichtlichen Großstädte ist auch kennzeichend, daß sich in ihnen immer eine verhältnismäßig kleine Gruppe Menschen mit größten persönlichen Reichtümern und mit einer entsprechend großen persönlichen Macht betonte. Sie waren im Streben nach prahlendem Besitz und prahlender Macht unersättlich.

Für einen Vergleich - mit möglichst einfachen Beispielen - sei auf die Nachfolge der großstädtischen und großstädtisch geführten ägyptischen und der assyrisch-babylonischen, auf die geschichtlichen hellenistisch-griechischen Kulturwelten und auf das antike Rom hingewiesen; auch die alten Kulturwelten Indiens und Chinas gehören hierher. Sie seien hier erwähnt, ohne daß auf die sichtbar großen Unterschiede aller dieser Kulturen und auf das Unterschiedliche ihres Endens näher eingegangen wird. Bei Indien und China ist zum Beispiel daran zu denken, daß in der unendlichen Weite der asiatischen Räume der Einfluß und die Macht des Großstädtischen räumlich immer stark begrenzt blieb; und das Enden des antiken Rom oder des römischen Imperiums war mehr das Enden der großstädtisch griechischen als das Enden einer wurzelecht römischen oder italienischen Kulturwelt und war darum auch nur mitbestimmend, aber nicht tiefgehend entscheidend für die nachfolgende römische oder italienische Kulturgeschichte und ihre weitere Entwicklung.

Bei der Betrachtung der geschichtlich großen Kulturwelten herrscht die weit verbreitete Anschauung, daß sie immer sozusagen »total« endeten, weil sie *alte* Kulturen gewesen seien. Es möge hier aber noch betont sein, daß *jede* einzelne Kulturwelt *jederzeit auch* alt oder alternd ist, genauso wie selbst der lebendigste jugendliche Mensch immer *auch* Ermüdungs- und Alterserscheinungen zeigt. Kulturen, die im Sinne des greisenhaft überalterten Menschen »alt« gewesen wären, gab es jedoch bisher überhaupt noch nicht. Es gab wohl in allen Kulturen immer *auch* greisenhafte

Erscheinungen; aber das große Ganze aller bisherigen Kulturwelten war bisher immer kindheitlich, meistens sogar frühkindheitlich und höchstens *betont* jugendlich. Es empfiehlt sich, diese Tatsache immer voranzustellen, wo es um ein tieferes Verstehen aller Kultur oder aller menschlichen Lebenserscheinungen geht.

Die genannten Lebenswelten endeten, weil sie jugendlich unreif waren und weil sie durch die zunehmende *Herrschaft* solcher Unreife mit unlöslichen Kulturproblemen zu tun bekamen. Sie sahen sich schließlich, wo sie sich aufgrund eines naturgesetzlichen inneren Reifens dem naturgesetzlichen Enden ihrer jugendlichen Unreife näherten, mehr oder weniger überraschend einer jugendweltlich kriegerischen Macht gegenüber, die nun um so mehr und scheinbar um so berechtigter beanspruchte, kulturbestimmend zu sein, da obenhin betrachtet alles für sie sprach, was jahrhundertelang immer wieder als absolut richtig erklärt worden war und dann zunehmend mehr auch als absolut richtig gegolten hatte.

Alle diese Kulturwelten endeten unter einer kriegerischen Herrschaft, die sich auf betont zeitlich bedingte Kulturgesetze zu stützen und diese »für alle Zeiten« zu stabilisieren suchte. Das geschah immer in der Betonung *äußerer* Tatsachen oder äußerer Erscheinungen ohne jede nennenswerte Rücksicht auf *innere* Lebenszustände, auf *innere* Überzeugungen, überhaupt auf *naturgesetzliche* innere Wandlungen und Vorgänge oder auf Energien, die eine Kultur in ganz bestimmter Richtung verändern, ganz gleich, ob diese Veränderungen wissentlich gewollt oder ungewollt sind.

Aber: Mit dem Enden von großstädtischen Lebenswelten endet nicht überhaupt die menschliche Kultur. Sie ist kaum über ihre Kindheit und Jugend hinaus und ist heute, da das Großstädtische oder da ihre wilden Jugendjahre enden, kaum dahin gekommen, so etwas wie eine »reife« Kultur zu werden. Das heutige Enden der großstädtischen Lebenswelten ist voller greisenhafter Todeszeichen; aber es sind nicht die Todeszeichen einer überhaupt alten sondern einer *vergreisten jugendlichen* Kultur, einer Kultur mit prahlenden jugendlichen Bizeps, aber mit vergreisten Seelen und Gehirnen.

Wenn der Zustand des heutigen Europa überblickt wird, kann immer nur wieder festgestellt werden, daß es sich allgemein so verhält, als sei es blind, gerade seinen größten Gefahren gegenüber. Es ist, als sei es wie geblendet oder fasziniert durch einen außerordentlichen Reichtum an Erscheinungen und Tatsachen, die es scheinbar rechtfertigen, für die nähere oder nächste Zukunft der Menschheit paradiesische Zustände zu erträumen. Praktisch sind jedoch alle diese »weltumstürzenden« Neuerungen oder Eroberungen meist derart, als habe der Teufel sie der Menschheit gebracht, damit sie ruheloser, zielloser, härter, macht- und gewaltgläubiger und neidischer werde oder - ganz einfach - damit sie so werde, wie etwa Kain war.
Dieser *äußerliche* Reichtum höchster Kulturmöglichkeiten war noch allen untergehenden großen Kulturwelten eigen und verführte diese bisher immer dazu, Kulturbildern nachzujagen, deren Verwirklichung jedoch ganz zuerst eine *innerliche* Kulturkraft voraussetzt oder *auch* Kulturbilder zu erzwingen, ohne zu-

erst nach den *geistesweltlichen* Voraussetzungen zu fragen, die gegeben sein müssen, damit gedeihliche und blühende Kulturen überhaupt sein können. Gerade das überlegen *innerliche* Herrentum aber war diesen Kulturwelten immer so fremd, wie dem großstädtischen Geist der menschliche Adel fremd oder lächerlich ist und wurde ihnen in dem gleichen Maße fremder, in dem sie zunehmend dem großstädtischen Geist unterlagen.

Alles wesentlich Großstädtische, genau so wie alles wesentlich Jugendliche, ist immer schon in sich selbst widerspruchsvoll und chaotisch. So hat jede Kulturwelt gerade dann, wenn sie im Zuge ihres natürlichen Reifens das Großstädtische naturbedingt überwinden muß, um weiterhin zukunftsreich sein zu können, einen schwersten Kampf mit sich selbst zu bestehen; dann kann sie einen Zustand erreicht haben, der bisher noch alle Kulturwelten entweder so gut wie restlos vernichtete oder sie derart entkräftete, daß sie von dort ab keine nennenswerten selbsteigenen Entwicklungen mehr haben konnten.

Aber so bedenklich diese Tatsache für das heutige Europa auch sein mag, es steht ihr doch die andere Tatsache entgegen, daß die europäische Kulturwelt in wichtigsten Hinsichten anders ist, als alle geschichtlichen großen Kulturwelten waren und daß diese auf das Großstädtische wahrscheinlich anders reagierten, als Europa das bisher tat, so daß sich hier ebenso wahrscheinlich auch das Großstädtische anders auswirken wird, als es sich dort auswirkte.

Das Enden der einzelnen Kulturwelt läßt sich während seines Verlaufes nie so recht als »Untergang« erklären; es kann - Wunschdenken entsprechend - auch immer als ein unmittelbar großartiger, entwicklungsreicher Kulturzustand gedeutet werden. Solche Deutung ist selbstverständlich immer viel angenehmer als die Erklärung, daß das Enden unabänderlich sei. Und so liegt es allgemein sehr nahe, die vielen ernsten und zunehmend bedrückenderen Lebensnöte zu beschönigen und den »Untergang« zu leugnen. Aber gerade weil ein Verfall sich nie exakt als solcher beweisen läßt, setzt ein Erkennen immer ein *persönlich eigenstes* Denken und Weltverstehen und eine große Freiheit *kritischen* Urteilens voraus; gerade das wird jedoch von jeder endenden Kulturwelt erbittert bekämpft.

Die gegenwärtige europäische Kulturwelt ist in sich selbst dermaßen widerspruchsvoll, daß sie ebenso gut im Sinne eines völlig neuen Kulturwerdens wie umgekehrt als eine absolut bankrotte Kulturwelt gedeutet werden kann. Deshalb kann man über die Frage, ob sie endet oder nicht, sehr gegensätzlicher Meinung sein. Man kann mit Recht behaupten, sie sei gerade heute besonders entwicklungsstark und zukunftsreich, man kann ebenso gut behaupten, daß ihr Enden selten handgreiflich sei. Wenn die geschichtlichen großstädtischen Kulturwelten bereits in der Entwicklung endeten oder »untergingen«, so ist dieses Enden oder »Untergehen« - auf das auch Andere bereits wiederholt hingewiesen haben - schwerwiegend genug, um es heute besonders ernstlich zu beachten. Es beweist aber nicht, daß nun auch die europäische Kulturwelt untergehen muß.

Bei der Annahme, daß Europa nicht enden wird, kann gewiß nicht angenommen werden, daß sich das heu-

tige Europa geradenwegs zu einem neuartigen glücklichen Europa entwickeln werde. Das anzunehmen ist
sehr menschlich, sehr schön; aber die Wege, die in dieses neue glückliche Europa führen können, liegen zunächst noch in einem tiefen Dunkel, das viel abschrek-
kender als verlockend ist. Überhaupt die Wege, die uns
heute sehr verlocken, werden uns kaum dahin führen
können, wohin wir heute im Grunde streben.

Es ist eine tiefe Wahrheit, daß wir Menschen uns selbst
am wenigsten kennen; dies war immer schon eine tiefe Wahrheit, die aber heute ganz besonders gilt.

Aber andererseits angenommen, daß die europäische
Kulturwelt gegenwärtig endet, so endet sie doch unter wesentlich anderen Voraussetzungen als frühere
Kulturen endeten. In der Geschichte gab es großstädtische und großstädtisch geführte Kulturwelten nur
sehr vereinzelt und wenn sie endeten, so endeten sie,
ohne daß über sie selbst hinaus ihr Enden die Menschheit viel bewegte. Heute lebt aber nicht hier oder da
eine großstädtische Kulturwelt, sondern fast die *gesamte* Menschheit ist großstädtisch und in betont *großstädtischer Führung*; und wenn heute die eine oder
andere von ihnen endet, so ist das ein weltbewegen-
des Geschehen erster Ordnung, ein Ereignis, das *alle*
Fragen, die heute als Menschheitsfragen gelten können, deutlicher oder überzeugender und auch wohl
fruchtbarer beantwortet, als irgendetwas anderes das
tun kann.

So verschiedenartig die einzelnen Kulturwelten auch
sein mögen, wenn es sich um Kulturgedeihen oder
Kulturverfall handelt, sind alle gleichartig getroffen. Es
bedarf deshalb keines besonderen Weltverstehens

mehr, um zu wissen, daß ein Untergang dieser oder jener nennenswert großen Kulturwelt unmittelbar die gesamte menschliche Kultur, die Menschheit mehr oder weniger vernichtend trifft.

Erneuern und Beharren
in der Kulturwende

Es kann als zutiefst begründet angenommen werden, daß unsere heutigen Kulturwelten lange schon ihren *tieferen* Lebensbedingungen nach ganz anders sein wollen als sie sind. Der lebendige Glaube an Kulturveränderungen unserer großstädtischen Kulturwelten ist ihnen schon so lange eigen, wie sie sich als großstädtisch betonen, also im Hinblick auf unsere Großstädte der jüngeren Geschichte seit etwa 150 - 200 Jahren. Seitdem ist die Kultur unserer modernen Welt in erster Linie eine Kulturwende zwischen der großstädtischen und einer *nach*großstädtischen Kultur, so wie das ganze spätere Mittelalter des 14. und 15. Jahrhunderts eine Kulturwende zwischen Mittelalter und Renaissance war. Die durch und durch krisenhaften Zustände, die Europa gegenwärtig wieder erlebt, beruhen auf dem zwar sehr vagen aber doch auch lebendigen Gefühl, daß eine ungefähr völlig neuartige europäische Kultur im Werden sei oder daß die besondersartigen, seit Jahrhunderten dominierenden Anschauungen, Gesetze, Gesellschaftsordnungen, Lebens- und Werkformen der ganzen nachmittelalterlichen Kulturwelt überholt seien.

Europa ist der Großstadt und dem Großstädtischen gegenüber im Verlaufe der jüngeren Geschichte zunehmend unsicherer und fragender geworden, nicht weil die Großstadt minderwertiger wurde als sie vorauf war, sondern weil Europa sich innerlich veränderte, das heißt: weil die europäische Kulturwelt ihren *naturgesetzlichen* Entwicklungen nach über ihre bisherige wesentlich kindheits- und jugendweltliche Grundhaltung hinausgekommen ist und hinausstrebt.

Dem Wesentlichen nach will Europa heute »im Grunde genommen« oder »zutiefst«, weitgehend unbewußt, unbestimmt oder triebhaft etwas völlig anderes, als es obenhin alltäglich, bewußt vorsätzlich und in fiebernder Aktivität äußerlich betont und was es zu verherrlichen und bis in fernste Zeiten zu festigen bemüht ist. Inwieweit zukünftige Lebensbilder heute bereits erklärbar sind oder nicht, ist für ihr Werden genau so nebensächlich, wie es für die Renaissance nebensächlich war, ob das endende Mittelalter ihre Lebensbilder voraus erkannte oder nicht. Die geistige Wandlung und deren eigentliches Ziel bleiben notwendig unverständlich, soweit - betont renaissanceweltlich - immer wieder an spezielle einzelne Menschen oder an einzelne spezielle geschichtliche oder gegenwärtige *Teilwelten* statt an das naturgegebene Wesen der gesamten europäischen Kulturwelt gedacht wird.

Europa will erkenntnismäßig oder wissentlich nicht über die besondere Kulturart hinaus, an die es nachmittelalterlich nun seit Jahrhunderten immer wieder so gerne und unbedingt glaubt. Es ist einem zukünftigen, einem zukunftsreichen Europa um so feindlicher, je mächtiger das heutige Europa zu sein scheint und je mehr es an seine gegenwärtige Macht glaubt. Es steht der Tatsache seiner gegenwärtig rapiden und explosiven, also sehr unabsehbaren Veränderungen, so gut wie *machtlos* gegenüber. Aber gerade diese

Machtlosigkeit zu erkennen und zu bejahen ist, dem heutigen Europa im allgemeinen ganz unmöglich. Es ist ihm genau so unmöglich wie zu erkennen und geradeaus zu bejahen, daß eine wirklich neuartige Lebens- oder Kulturwelt nur auf dem Wege über *innerste* Lebensvorgänge oder Lebensbewegungen *geboren* wird. Diese äußern sich zunächst oder unmittelbar immer nur andeutungsweise und haben darüber hinaus mit den bestehenden Lebenserscheinungen und Kulturbildern kaum etwas zu tun. Der Glaube an innerste Lebens- oder Kulturbewegungen, an innerste Empfindungen, Gedanken, Überzeugungen und Bestrebungen ist dem heutigen Europa im allgemeinen fremd. Es steht ihm so fremd und feindlich gegenüber, wie es andererseits die äußerlichsten und oberflächlichsten Erscheinungen, Empfindungen und Bestrebungen überall gläubig bejaht und bejubelt.

Es verhält sich wie das endende Mittelalter, das schließlich seine besondere Kulturwelt und hier in erster Linie natürlich das *kulturell Führende*, also die Kirche, um so mehr glorifizierte oder zu glorifizieren gezwungen war, je mehr sie sich nach dem Äußerlichen oder Oberflächlichen entwickelt hatte. Es ist, als habe Europa jeden Sinn für das verloren, was sozusagen *hinter* den Erscheinungen wirkt und so wertet es nun alle Erscheinungen um so höher, je weniger »dahinter ist« oder je oberflächlicher sie sind. Aber: Würde es nur auf das oberflächliche wissentliche Wollen ankommen, würden endende Kulturwelten noch nie zukunftsreiche Nachfolgekulturen gehabt haben.

Bei alledem ist es jedoch in mancher Weise tröstlich zu wissen, daß mit dem Betonen des Äußerlichen gleichzeitig auch immer die inneren, tiefinnerlichen Gedanken, Anschauungen und Bestrebungen lebendiger werden und eine allgemeine lebendigste Geistigkeit aufleuchtet.

Bei den Betrachtungen der Weltzustände glaubt das heutige Europa im allgemeinen gerne an alle möglichen und unmöglichen beglückenden Entwicklungen, die sich schrittweise, geradlinig aus den heutigen Kulturzuständen ergeben könnten oder ergeben sollen; aber sobald es - betont zukunftsgläubig - einmal etwa heißt, in naher Zukunft könnte im Sinne einer Kulturwende eine wesentlich neuartige Kultur werden, die alles Heute hell überstrahlt, ist es meist sogleich eigenartig nüchtern oder geistig unbeweglich. Gleich daneben ist die heutige Welt jedoch geistig außerordentlich sprunghaft und wechselt ihre Anschauungen oder Glaubenssätze ganz besonders leicht.

Zum Beispiel ist es heute im allgemeinen unmöglich, sich auch nur ungefähr vorzustellen, wie eine Kulturwelt sein könnte, die *nicht* mehr betont großstädtisch ist und doch der großstädtischen Kulturwelt überlegen wäre. Dies ist um so unmöglicher, je großstädtischer Europa ist. Es glaubt allgemein gerne an irgendwelche großweltlichen Veränderungen, durch die das große Ganze der heutigen Weltzustände verbessert werden könnte; aber es glaubt an das alles immer wieder nur als an betont großstädtische Entwicklungen. Endende Kulturwelten stehen einer möglichen Kulturerneuerung immer sehr befangen gegenüber.

Wie im Verlaufe der Kulturwende zwischen Mittelalter und Renaissance siegen auch heute wieder die herr-

126

schenden reaktionären über die neuweltlichen Willensbewegungen. Auch heute nimmt Europa die besondersartigen Zustände seiner Kulturwende meist nur
von der moralischen Seite. Es sucht die *natürlichen*
Widersprüche in der Weise zu bekämpfen, daß es die
widersprechenden Anschauungen und Bestrebungen,
Lebens- und Werkformen und dergleichen entweder
als *gut* oder als *böse* zu unterscheiden sucht, um dann
die bösen auszuschalten oder zu vernichten. Diese
Unterscheidung führt von Fall zu Fall zwar wieder zu
gegensätzlichen Wertungen, wird aber eigenwillig
praktiziert und als Maßnahme gewertet, die Europa
allein vor dem Enden retten kann. Durch diese Moral-
praxis wird Europa in seiner Gesamthaltung jedoch
nicht friedlicher sondern kriegerischer. Die Gegen-
sätze werden nicht verringert und noch weniger auf-
gehoben; im Gegenteil: Es macht sie als solche noch
lebendiger, es betont und verschärft sie.
In jeder Wende, die auf eine Erneuerung zielt, stehen
sich stets zwei Welten unmittelbar gegenüber. Die eine
Welt ist so werdend, so unbestimmt und unbestimmbar, wie die andere endend, greifbar und erklärbar
ist; die eine, die noch nicht gewordene Welt, kann
fast nur erahnt werden, während die andere in höchstem Maße wirklich ist. Die noch nicht gewordene
Welt ist wie eine einzige stille Frage, während die
andere wie eine einzige spektakulärende Sicherheit
daherkommt. So wenig erkennbar und so still diese
Welt auch ist, sie ist doch der unerbittliche und mächtige Feind der anderen Welt, ist ihr immer gegenwärtig.
Das Gegeneinander dieser beiden Welten wird zu-

nächst durch viele »Grenzfälle« und »Spielarten« verschleiert oder überbrückt, betont sich aber im Verlaufe jeder Kulturwende immer eindeutiger. Es ist ein Gegeneinander, in dem der eine Teil voller wichtiger Lebens- und Kulturfragen ist und überall nach Beantwortung der Fragen sucht, während der andere Teil fest glaubt, die *gleichen* Fragen endgültig beantworten zu können und bereits beantwortet zu haben. So glaubt nur der erstere Teil an eine Kulturwende, also an eine ununterbrochene Veränderung aller gegebenen Zustände, während der andere Teil nie etwas von einer Kulturwende wissen will. Er ist immer davon überzeugt, daß bereits eine neue zukunftsreiche, strahlende Welt begonnen hat und daß er diese Welt - ganz gleich, wie sie tatsächlich sein mag - als eine solche zu erklären weiß.

Recht besehen sind beide Parteien so etwas wie Geschwister; sie sind beide Kinder der gleichen Kulturwende und darum ist auch der Kampf, den sie gegeneinander führen, immer in einem hohen Maße so etwas wie ein Geschwister- oder Bruderkampf, und darum kämpfen diese beiden Parteien auch erbitterter und unversöhnlicher gegeneinander, als sonstige Welten in Feindschaft gegeneinander zu kämpfen vermögen.

Der Kampf ist für die speziell großstädtische Kultur immer um so siegreicher, als sie - außerordentlich kriegerisch, macht- und effektgläubig - eine Gegenwelt bekämpft, die an und für sich überhaupt nicht kriegerisch ist und nicht zu kämpfen weiß, diese kann sich also gegen ihre Vernichtung so gut wie nicht wehren. So bleibt am Ende eine Kultur übrig, in der ungefähr nichts mehr von dem ist, nichts mehr von dem gedeiht und blüht, das allen Kulturen immer als das eigentlich Edle, Großartige, »Menschliche«, Strahlende und Beglückende gilt. Dort bleibt zwangsläufig eine Kultur restlich, in der ein wilder Kampf, eine wilde Selbstbehauptung und ein wildes Chaos regieren. Alles, was sich in ihr noch als ein möglicherweise Kulturerneuerndes retten könnte, muß sich verstecken oder verkriechen, etwa so, wie die »Katakomben-Christen« sich im antiken Rom versteckten oder verkrochen.

In *jeder* Kultur sind - das sei immer wieder betont - jederzeit viele wesentliche kulturerneuernde Gedanken, Fragen und Äußerungen lebendig; aber sie bekämpft diese um so erbitterter, je mehr sie sich ihrem Ende nähert. So viel und so unruhig jede endende Kultur sich zu *verändern* sucht, so wenig will sie sich doch eigentlich *erneuern*. Sie glaubt dann gerade an die ihr eigenen, speziellen Eigenheiten mehr, als sie je daran glaubte und ist allem kulturell *Fundamentlich-Beginnenden* und allem sehr *Allgemein-Gültigen* immer am feindlichsten.
Es ist zum Beispiel kein Zufall und es beruht nicht auf überlegenem Weltverstehen, daß Europa im Verlaufe seiner jüngeren und jüngsten Geschichte der fundamentlich-christlichen Lehre zunehmend feindlicher gegenübersteht und gleichzeitig oberflächliche Gedanken und Schlagworte, reaktionäre und selbstmörderische Maßnahmen, Institutionen und Zustände verhimmelt.
Wenn Europa - wie bereits gesagt - heute die beson-

dersartigen Zustände seiner endenden nachmittelalterlichen Entwicklungsperiode gerne als die Anfangs-
zustände einer wesentlich neuen Kultur zu deuten
sucht, so erklärt sich die Tatsache solcher Deutung
ohne weiteres aus der Tatsache der dauernden Än-
derungen. Es verändert sich zunehmend mehr und
außerordentlich stark, so daß es - sich selbst obenhin
betrachtend - mit vielem Recht behaupten kann, mit
der Zeit ganz anders geworden zu sein, als es vorauf
immer war. Aber darum sind die heutigen europäischen Zustände doch nicht anfänglicher, kultur-
erneuernder Art, so wie die europäischen Zustände
des 11. Jahrhunderts oder zur Zeit der Renaissance
kulturerneuernd waren.

Zunächst ist eine Wandlung so gut wie überhaupt
nicht erkennbar. Europa spricht zwar gerne von einer
Kultur- oder »Zeiten-Wende«, ist irgendwie überzeugt,
daß es gegenwärtig tiefgehende und umfassende,
schicksalsvolle Veränderungen erlebt, aber sucht doch
immer wieder, diese als ein eigentlich äußeres Geschehen zu deuten und sie ausschließlich durch voraufgegangene äußerliche Tatsachen zu begründen.
Und soweit es auch schon ernstlich bemüht ist, seine
innerlichen fundamentlichen Zustände zu verstehen,
leugnet es doch eine Veränderung innersten Lebens,
um dann irgendwelche geschichtlichen, weit zurückliegenden Geisteszustände und Lebensäußerungen zu
sanktionieren, mit großem Wort heilig zu sprechen
und als nach wie vor gültig zu erklären. Dies zu tun
bedeutet eine völlige Entartung der Geschichtsbetrach-
tung; denn ein großartiges geschichtliches Kulturbild
wird hier nicht mehr aus seinen geistigen Tiefen her

zu deuten gesucht, sondern umgekehrt: Das Geschichtsbild soll die dem Heutigen zugrunde liegende Geistigkeit als großartig erweisen. Dieser Entartung neigte das ganze nachmittelalterliche Europa immer sehr zu und sie behauptete sich trotz aller Gegenbewegungen bis heute. Sie besteht darin, daß man irgendwelche Kunstwerke nicht als hohe Lebensäußerungen einer geschichtlichen Kultur zu verstehen und zu erleben sucht, sondern daß man glaubt, eine versunkene Kultur verlebendigen zu können, auch wenn man nur imstande ist, sie so halbwegs zu verstehen und ihre Formen so halbwegs zu kopieren. Diese *profitgläubige* Kulturanwendung des Geschichtlichen ist wesentlich entwicklungsfeindlich und subalternen Geistes. Eine Kulturerneuerung bedingt vor allem *schöpferische* Kräfte, Kulturveränderungen aber sind immer viel billiger zu haben; sie bilden sich immer um so schneller und um so mehr, je hemmungsloser eine Kultur vernichtet wird.

Soweit Europa heute glaubt, daß es sich erneuere oder bereits erneuert habe, ähnlich so wie es sich früher erneuerte, verwechselt es immer Erneuerungen mit starken Veränderungen. Eine Kultur kann sich zwar nicht erneuern, ohne sich auch stark zu verändern, aber sie kann sich doch stark verändern, ohne daß eine solche Veränderung einer Erneuerung gleich wäre. Europa sucht immer wieder sich zu verbessern statt zu betonen, daß es in einer Kulturwende steht und zu suchen, über diesen besondersartigen Zustand nachzudenken und ihm gerecht zu werden.

Das Sich-Verbessern und Sich-Erneuern ist völlig zweierlei.

Angenommen Europa würde sich - ganz gleich, ob auf Grund einer größeren oder geringeren weltlichen Macht - fortlaufend verbessern, dann wäre alles in schönster Ordnung. Nur: Es kann sich, seit es wieder in einer Kulturwende steht, nicht mehr verbessern, außer auf dem Wege einer *Erneuerung*, mit anderen Worten: Es muß eine Kulturwelt aufbauen, die in allen Hinsichten wesentlich anders ist als die des Europa der letzten Jahrhunderte.

Revolution und Evolution

In aller Geschichte waren, wenn wesentlich neuartige Kulturwelten einsetzten, die allgemeinen Kulturzustände betont revolutionärer Art und da jede Kultur sich gerne überbewertet, wurden die Erscheinungen des Revolutionären immer als großartig und schöpferisch zu deuten gesucht. Auch Europa deutet heute seine betont revolutionären Kulturerscheinugen gerne als Anfangserscheinungen einer wesentlich neuartigen und zukunftsreichen europäischen Kulturwelt. Diese Deutung ist sehr naheliegend und verständlich aber ist genau so haltlos, nur bedingt zutreffend, wie es alle führenden Anschauungen aller betont revolutionären Kulturbewegungen sind.

Diese bedeuten immer eine Kulturwende, bedeuten das *Enden* einer überlebten und das erste *Beginnen* einer neuen Kulturwelt. Sie bedeuten aber nie, daß diese bereits zukunfts*reich* begonnen hat, sondern - umgekehrt -, daß ihr zukunftsreiches Werden außerordentlich fraglich ist. Sie gehören als ein Wesentliches zu allen krisenhaften Entwicklungen und können als ein kulturell *Notwendiges* gelten.

Jede revolutionäre Bewegung ist betont gewaltgläubig; ihr unmittelbares Ziel ist immer ein betont gewaltmäßiger und darum auch betont *äußerlicher* Ausgleich von Spannungen, die in jeder Kulturwelt wie auch in jeder persönlichen menschlichen Lebenswelt vorhanden sind, sich im Verlaufe kürzerer oder längerer Entwicklungsperioden steigern, betonen und zu einer Umwälzung führen.

Alles Revolutionäre ist ganz zuerst verneinend. Seine besondere Kraft setzt immer Kulturzustände voraus, die sich gewissermaßen als unhaltbar erklären und deren Verneinung sehr weitgehend überzeugend ist. Diese beruht aber nie auf dem bündigen *Beweis* sondern immer nur auf dem *Glauben*, daß es möglich sei, revolutionär bessere Kulturzustände zu gewinnen. Die Verwechslung des Revolutionären mit dem entwicklungsmäßig Aufbauenden beruht darauf, daß bei einer Vorherrschaft des Revolutionären die gegebenen Zustände sich ununterbrochen umwälzend verändern. Das Revolutionäre ist immer verändernd oder korrigierend aber ist dies immer nur obenhin; es bildet nie Kulturbewegungen, die als solche *neu* wären und bildet noch viel weniger *neuartige* Kulturwerte; es ist nie *schöpferisch* erneuernd sondern ist dem Schöpferischen nur insofern »weitläufig verwandt«, als das Schöpferische *auch* revolutionär ist.

Revolutionäre Kulturbewegungen verneinen aber nicht nur diese oder jene Mißstände der gegebenen oder der eben voraufgegangenen Kultur sondern sind - wenn auch unbewußt - überhaupt kulturverneinend. Sie setzen immer ein, wenn sich bereits grobe kulturelle Mißstände weitgehend verbreitet haben; sie sind die *Folge* solcher Mißstände, wurzeln allein in *ihnen* und entwickeln sich darum auch um so mächtiger, je grober oder verbreiteter oder oberflächlicher diese

Mißstände sind. Ihr Ursprung liegt in einem betonten Suchen nach neuartigen Wandlungen und Entwicklungen, nach einem betonten Bemühen um wesentlich neuartige Kulturwelten. Diese konnten tatsächlich auch immer nur dann werden, wenn alle voraufgegangene Kultur völlig revolutionär wurde und schließlich auch noch revolutionär war, wenn sie selbst nichts weniger als das sein wollte oder zu sein glaubte.

Wo ein zukunftsreiches Werden bereits *erkennbar* begonnen hat, müssen alle betont revolutionären Bewegungen zwangsläufig enden; wenn sie sich trotzdem zunehmend mehr *betonen,* ist dies ein erster Beweis dafür, daß sie dem Beginn einer neuen Kulturwelt widersprechen und in der Gefahr sind, nicht nur die bereits überlebte sondern jede Kultur zu verneinen.

Diese Gefahr bedroht alle revolutionären Bewegungen und bedroht sie um so mehr, je mehr die Kulturwelt ihrem ganzen Wesen nach dem Revolutionären zugeneigt ist. Darum sind auch alle wesentlich großstädtischen Kulturwelten, sobald ihre immer schon revolutionären Anschauungen, Bestrebungen und Erscheinungen beginnen, sich als revolutionär noch besonders zu betonen, stets in der großen Gefahr, gegen alles und jedes revolutionär zu kämpfen und - ob bewußt oder nicht - das Revolutionäre zu steigern. Jede wesentlich großstädtische Entwicklung ist ganz zuerst eine Steigerung des Revolutionären. Das wird durch die Entwicklungsgeschichte des jüngeren Europa mit der Betonung des Großstädtischen seit der zweiten Hälfte des 18. Jahrhunderts verdeutlicht.

Für ein neuartiges Werden ist das Revolutionäre nicht entscheidend, aber - das darf nicht übersehen werden - es muß als *mit*entscheidend angesehen werden. Die Kulturerneuerung ist nicht möglich, ohne daß ihr ein revolutionärer Prozeß voraufging; sie ist eine *Folge* von ihm in dem Sinne, wie die Gesundung eine Folge des Krankseins ist. Sie wird trotz des Revolutionären, das für sie immer nur ein *Auslösendes* ist; und dieses Erwecken, das Befruchtende, ist das Einzige, was das Revolutionäre für die Kultur tun kann. Da bisher die fortschrittlichen Entwicklungen der Kultur immer begrenzt waren, so müßte seit langem schon alle Kultur untergegangen sein, wenn nicht gleichzeitig mit dem Enden ihrer Entwicklungen das Revolutionäre als Erweckendes geworden wäre.

Jede Kultur gewinnt mit jeder Revolution schließlich vielen freien Raum für die Auswirkungen solcher Anschauungen oder Bestrebungen, die *nicht* gewaltgläubig sind und auf *diesem* Gewinn, und nur auf ihm, beruht das Beglückende, Erlösende und Strahlende, das den Kulturen oft gerade dann eigen war, nachdem sie soeben eine Revolution hinter sich hatten. Ein weiterer Gewinn, den betont revolutionäre Bewegungen oder Zustände bringen *können*, besteht darin, daß sie etwas Kulturfeindliches vernichten. Er besteht nie darin, daß sie unmittelbar etwas bilden, das kulturell genommen besser wäre als das, was sie zerstören; er besteht nur darin, daß nachfolgend bestimmte Anschauungen, Bestrebungen und Zustände nicht mehr regieren, die vorher das Werden einer besseren Kultur hemmten oder überhaupt verhinderten. Dieser mögliche Gewinn ist aber immer mit der Gefahr verbunden, daß die Revolution möglicherweise nicht nur bestimmte Mißstände ausschaltet, sondern daß sie -

da sie immer explosiver Natur ist - weit über ihre anfänglichen, eigentlichen Ziele hinaus alles verwüstet, was ihr in den Weg kommt.

Wäre die Menschheitsgeschichte umfassender, wahrer und überhaupt besser erklärt als sie ist, dann würde sich unter anderem zum einen zeigen, daß sehr zahlreiche einzelne Kulturwelten bestanden, die heute völlig unbekannt sind und zum anderen, daß sie, wenn sie untergingen, immer betont revolutionär waren. Wir wissen von einzelnen geschichtlichen großen Kulturwelten, daß sie im Verlaufe ihrer Entwicklungen stark revolutionäre Zustände hatten, die durchaus nicht die gegebene Kultur verwüsteten sondern im Gegenteil erneuerten, so wie die stark revolutionären Bewegungen, die Europa um etwa 900 bis 1000 und später im 15. Jahrhundert hatte, Europa nicht vernichteten sondern unmittelbar blühende Kulturen aufbauen halfen. Dies beweist zwar, daß Revolutionen kulturerneuernd sein *können*; aber es beweist nicht, daß sie in jedem Falle kulturerneuernd sind.

Es gibt keine *revolutionären Kulturen*, es gibt immer nur innerhalb der Kulturen *auch* Revolutionäres; sie sind stets gefährdet, revolutionär zu werden; aber daß sie das nicht werden, ist eine ihrer höchsten *Aufgaben*, so wie es eine höchste, aber auch schwerste Aufgabe des Menschen ist, nicht krank zu werden. Und so wenig wie die Kulturen dieser Aufgabe bisher gewachsen waren, so wenig war es ihnen bisher möglich, dahin zu kommen, konstant gleichmäßige oder schrittweise Entwicklungen zu haben.

Das unsichtbare Werden einer neuen Kultur ist so wenig ein revolutionärer Prozeß wie das embryonale

Werden eines neuen Menschen. Solches Werden ist - allem Revolutionären schroff gegensätzlich - von außerordentlich innerlicher, stiller, verschwiegener, unbegreiflicher oder auch göttlicher Art. Mit solchem Werden wird die Kultur wieder an den Ursprung aller Kulturwelten und allen menschlichen Werdens zurückgeführt und es gedeiht immer nur, soweit die endende Kultur noch ein einigermaßen lebendiges Verhältnis zu ursprünglicher Menschlichkeit, überhaupt zum *Ursprünglichen* oder zu dem hat, was den Menschen und die menschlichen Welten *zutiefst* bewegt.

Recht besehen ist alles Bemühen um heftige, lebensgefährdende Wandlungen, wie sie mit allem Revolutionären einhergehen, immer sehr unbewußter, *triebhafter*, unbegreiflicher und unerklärlicher Art. Entscheidende revolutionäre Kulturwandlungen, die als solche dem Menschen sogleich bewußt gewesen wären, hat es noch nie gegeben. Solche Wandlungen wurzeln in tiefinnerlichen Lebensbewegungen, von denen der Mensch nie etwas Rechtes wissen kann und darum auch nie so recht etwas wissen will. Sie werden ihm, wie alle tiefinnerlichen Lebensbewegungen, erst bewußt, nachdem sie lange schon nicht mehr tiefinnerlich sind, sondern wo sie beginnen, vor allem ihn selbst zu revolutionieren, ihn immer mehr zu beunruhigen und ihn bewegen, darüber *nachzudenken*.

Würde es entscheidend auf menschliches Verstehen, auf verstandesmäßiges Wollen, auf lehrbare Erkenntnisse oder dergleichen ankommen, würde es in der Macht der menschlichen Kultur liegen, so würde sie nie revolutionär werden, nie revolutionär sein, nie revolutionierende Wandlungen haben, sondern die Wandlungen, Veränderungen oder Entwicklungen würden immer *still* und *stetig* wie die stillen und stetigen Entwicklungen in der urwüchsigen Natur sein. Darum haben auch alle menschlichen Lebenswelten um so mehr mit Revolutionen zu tun, je weniger sie *natürlich* oder *naturverbunden* sind.

Die konstant evolutionäre Kulturentwicklung kann als ein höchstes Ziel aller menschlichen Kultur gelten. Bisher aber hatte sie eine solche Entwicklung immer nur in einem bescheidenen Maße, so daß allgemein nur die revolutionären Kulturbewegungen als Entwicklungsbewegungen galten. Jede Kultur führte bisher immer wieder verhältnismäßig schnell dahin, sich von der Natur - besonders auch von der menschlichen Natur - mehr und mehr weitgehend zu entfernen und dem menschlichen Leben zu widersprechen.

Aber man darf annehmen, daß dies in ferner Zukunft einmal anders sein wird, das heißt, daß in ferner Zukunft alle Kulturentwicklungen stetig sein werden, so daß sie kaum noch zu betonten Krisenzuständen werden führen können. Das heißt auch, daß in ferner Zukunft die äußeren Erscheinungen, äußeren Gesetze und Ordnungen der großen Kulturwelten ihrem inneren Wollen ungefähr völlig entsprechen werden. Jedenfalls gilt allen menschlichen Welten eine völlige Einheit oder Harmonie innerlichen und äußerlichen Lebens immer als ein höchstes Ideal. Aber ebenso gewiß ist es auch, daß aller Menschheits-Geschichte nach die »höheren« Kulturwelten diesem Ideal bisher immer noch sehr ferne standen, bestenfalls näherten sie sich ihm hin und wieder einmal. Dem großen Ganzen nach aber waren die bisherigen Kulturwelten noch nie dermaßen großartig, daß sie ihrem inneren Wollen nicht immer weitgehend widersprochen, es nicht immer weitgehend verleugnet oder daß sie es *nicht* jederzeit weitgehend vergewaltigt hätten.

Das Verhältnis der Kultur zu hohen und höchsten Dingen, Lebensformen und Ähnlichem war im allgemeinen immer »distanziert«, unendlich befangen. Das Strahlende vieler Lehren wurde durch das Alltägliche der menschlichen Kultur immer wieder verdunkelt und zurückgedrängt. Sie war bisher nur ausnahmsweise, nur »festtäglich«, imstande und bereit, menschenweltlich Höchstes wirklich als Höchstes zu nehmen, verstehen und erleben zu können, es war ihr noch nie etwas *Alltägliches* oder *Selbstverständliches*. Dagegen war es immer und überall das am meisten und blutigste Umstrittene, das, was ihrem großen Ganzen, ihrem Alltag am meisten widersprach und bisher nur ihren Weg und ihr Ziel verherrlichte.

Die menschlichen Lebenswelten gehörten bisher alle miteinander der Frühgeschichte menschlicher Kultur an. Diese Frühgeschichte ist nicht und war nie in dem Sinne nur Frühgeschichte, daß die menschliche Kultur bisher nur kindlich oder jugendlich gewesen wäre. Auch in ihr war von Anfang an immer schon alles lebendig, was zukünftig in ihr lebendig sein wird; sie hatte immer schon höchste Lehren und Gesetze, großweltgültige Lebensanschauungen, weltumfassende Gedanken und bildete daraus hohe menschliche Werte, die auch zukünftig hohe Werte sein werden. Trotz allem war sie bisher nur Frühgeschichte.

Die innere Bereitschaft
zu neuem Werden

In der Welt geht es heute dem großen Ganzen nach überall um ein ernstes Endweder-Oder, das auch weitgehend als solches empfunden wird. Die Welt hat überall einen außerordentlich ernsten Grundton und das nicht nur, weil im Verlaufe der jüngeren und jüngsten Geschichte alle menschliche Kultur immer wieder sehr düsterer Art war, sondern weil ihre großweltlichen ernsten Fragen heute noch genau so unbeantwortet, vielleicht noch unbeantworteter sind, als sie vor langer Zeit schon waren. Es hat sich unendlich vieles gewandelt, aber nicht eigentlich in der Tiefe, nicht eigentlich entscheidend. Die großen Fragen, um die es schon seit vielen Jahrzehnten geht und die zunehmend dringlicher entscheidende Beantwortung fordern, sind bisher bestenfalls erst sehr unklar, verwirrend und nur widerwillig und vor allem *ohne geistige Führung* beantwortet.

Als die klassische Kulturwelt Griechenlands endete, war wohl das erschütterndste Wort, das dort gesprochen wurde: »Ich weiß, daß ich nichts weiß.« Dies Wort von Sokrates war wie eine königliche Klage des verblühenden Griechenlands, war der männlichste Ausdruck des Erkennens, daß das vorauf strahlende Griechenland unabänderlich ins Dunkle gehe. Seither hat dieses Wort wohl nie wieder als ein großes Wort gesprochen werden können. Auch wir wissen heute im allgemeinen bestenfalls kaum mehr, als daß wir nichts wissen. Alles heutige lärmende Wichtigtun mit sieghaftem Wissen und Prophezeien ist inzwischen dermaßen lächerlich, daß wir schon sehr zeitgemäß oberflächlich sein müssen, um seine Lächerlichkeit nicht zu erkennen« und zu empfinden.

Tatsache ist, daß die großstädtischen Zustände heute besonders unheimlich sind. Wir erleben seit Jahrzehnten eine Zeit wildester großweltlicher Veränderungen, die zunehmend wilder geworden sind. Sie ändern sich immer schneller; was vorgestern kaum aufblitzte und die Welt in Atem hielt, ist heute ungefähr schon wieder wie vergessen, und von übermorgen wissen wir eigentlich nur, daß dann schon wieder alles ganz anders sein wird, wie es heute noch ist. Was vor kurzem noch als weltmächtig galt ist heute bereits, als sei es lange vergangen, und ungefähr von allem, das heute noch Millionen von Menschen unruhig bewegt, darf ohne Prophetie behauptet werden, daß es in kurzem nicht mehr sein wird. Was die Welt heute noch als gesetzlich zu erklären sucht, erklärt sie morgen bereits als völlig fragwürdig, und was uns heute als etwas hell Strahlendes begeistert scheint uns morgen schon wieder unmöglich und übermorgen schon wieder »dummes Zeug« zu sein.

Diese traumhaft unwirklichen Wandlungen sind handfeste Tatsachen. Sie scheinen - obenhin betrachtet - allen stabilen, zukunftsreichen Lebensordnungen zu widersprechen. Aber - und das ist vielleicht das Merkwürdigste von allem -: Wir sehen heute im allgemeinen verhältnismäßig wenig zurück und sind ebenso nur wenig interessiert, voraussehen zu wollen. Die heutige Welt ist außerordentlich gegenwartsgläubig, wir können auch sagen, sie sei außerordentlich lebenstüchtig oder wir können auch sagen, sie sei außerordentlich oberflächlich.

Für den Verlauf der Kulturwende zwischen Mittelalter und Renaissance war entscheidend, daß das mittelalterliche Europa in hohem Maße schicksalsgläubig war und dementsprechend seinen naturgesetzlich tiefinnerlichen Entwicklungsbewegungen immer leicht folgte; es tat das auch dann noch, wenn diese von den rein äußeren Kulturbewegungen und Führungen heftig und machtvoll bekämpft wurden. Trotz aller Macht des rein äußerlichen Wollens, des alltäglichen, oberflächlichen Weltverstehens blieb der Glaube an das Schicksal, an die schicksalsmäßigen, naturgegebenen, tiefinnerlichen Lebenszustände und -bestrebungen immer mächtig.

Das heutige Europa hat jedoch kaum das geringste Interesse daran, daß die Welt, und im besonderen auch jede menschliche Kulturwelt, sich zuerst und zuletzt nach einem Willen formt, dem jeder menschliche Wille *untergeordnet* ist.

Beim Betrachten des Werdens der Renaissance muß vor allem festgehalten werden, daß es nicht irgendwelche neuen Gedanken oder neue Erkenntnisse waren, die regierten, sondern es waren einfachste Wahrheiten, älteste Lehren, uralte Lebensgesetze usw., die sie immer wieder betonte. Allgemein gesagt: Im ersten Beginnen jeder größeren Kulturwelt oder jeder ihrer größeren Perioden ist immer ein ursprünglich Elementares deutlich.

Wenn eine endende Kulturwelt zukunftsreich endete, konnte dies immer nur sein, weil sie sich schließlich - allem obenhin gültigen glatten Wissen, Verstehen und Wollen entgegen - außerordentlich *verinnerlichte*, weil sie zunehmend mehr einen andächtigen, eigentlich religiösen Glauben an innerliche, unbegreifliche Lebenskräfte oder Lebenstatsachen entwickelte. Ganz zuerst nur dieser *Glaube* ist den charakteristischen Zuständen und Erscheinungen endender Kulturen wirklich gegensätzlich; nur er kann sie derart besiegen, daß sie sich schließlich nicht nur nicht als rein kulturvernichtend sondern als kulturbefruchtend oder als kulturgebärend, kulturerneuernd auswirken.

Jedenfalls: Das unmittelbar Entscheidende sind dann nicht diese oder jene neuartigen Gedanken oder Wahrheiten neuartiger Weltanschauungen, sondern es ist ein Verlebendigen ältester Gedanken, ältester fundamentaler Lebensgesetze, fundamentalen Wissens oder Nichtwissens oder ist ein lebendiger Sinn für eine sozusagen *fundamentliche* Geistigkeit, für *einfaches* Denken, für *älteste* selbstverständliche Gesetze, für selbstverständliche Gerechtigkeit und dergleichen. Dort wird das *immer* Gültige aller Kultur vorangestellt, das Allgemeine gilt weit mehr als das Besondere oder das Besondere gilt weitgehend als ein Allgemeines. Es gehört zu den schwersten *Aufgaben* des Menschen, daß dies so sei.

Der Sinn hierfür ist in jeder Kultur, in jeder menschlichen Lebenswelt lebendig, aber er ist in jeder endenden Kultur durch komplizierte Gedanken, durch unverständliche Gesetze, durch brutale Ungerechtigkeiten usw. zersetzt und verschüttet. Wo eine Kultur neu beginnt, tut sie ganz natürlich nichts anderes, als das *Fundament* ihrer Zukunft zu erbauen, während sie dort, wo sie endet, vor allem dahinter her ist, alle ihre Turmspitzen zu vergolden.

Eine zukunftsreiche Welt kann nicht werden, ohne dem großen Ganzen nach betont fundamentlich im Sinne des Anfänglichen zu sein.

Für jede Kulturwelt ist gewiß jederzeit und zuletzt allein entscheidend, was oder wie sie »von Natur aus«, »von Haus aus«, innerlichst oder »im Grunde genommen« ist; dies ist aber noch unvergleichlich wichtiger und entscheidender, wenn sie durch höchste Lebensnot und Lebensgefahr bewegt ist.

Der endenden Kultur hilft entscheidend allein etwas, demgegenüber sie zwar nicht überhaupt machtlos ist, das sie aber doch auch nie so ohne weiteres begreifen kann, etwas von dem sie so gut wie nichts weiß und auch nichts wissen will. Ihr Enden führt nie auf Grund ihres Verstehens oder Wissens oder wissentlichen Wollens zu einer zukunftsreichen Kulturerneuerung, sondern, soweit diese dort schließlich überhaupt einsetzt, tut sie das immer *trotzdem*.

Gerade jetzt, da eigentlich nichts so handgreiflich deutlich ist wie das, daß im Ernstfall alles ganz anders kommt, als die Kultur oder der Mensch es haben will, und da nichts so vernünftig wäre wie ein sehr ruhiges und gelassenes Bemühen, den selbstverständlichsten und nächsten Aufgaben gerecht zu werden, jetzt gerade konstruiert Europa sich Aufgaben und verhimmelt es seinen Willen.

Das Kommen einer völlig neuartigen Kulturwelt ist aber viel zu still, als daß es in dem lärmenden, effektbetonten Geschehen des heutigen Europa nennenswert beachtet oder daß dieses Geschehen sich willensmäßig auf es beziehen würde. Das zu tun würde eine Stille und Gelassenheit voraussetzen, die dem heutigen Europa obenhin allgemein oder offiziell nicht nur sehr fremd sondern äußerst zuwider ist.

Als das Mittelalter im letzten Verenden war, predigte Martin Luther die entscheidende Wichtigkeit des »inneren Gewissens«. Er betonte immer wieder, daß allein die Stimme, die nicht irgendwo draußen sondern allein in stiller Andacht aus dem Innern her zu hören und zu verstehen sei, das sage, auf das zu hören und zu verstehen und zu befolgen es allein ankomme, nur damit könne aller Not, all den vielen übermächtigen und übermütigen, brutalen und erniedrigenden, unendlich quälenden Äußerlichkeiten widerstanden werden.

Diese Absage an das betont Äußerliche war nicht eine revolutionäre Erfindung Martin Luthers und wurde auch von ihm selbst nicht als revolutionierend verstanden. Er wollte nicht irgendetwas revolutionär verändern oder erneuern, sondern umgekehrt: Er wollte gerade die revolutionierenden, mehr oder weniger gewaltmäßigen Veränderungen des späten Mittelalters als verfehlt erklären, indem er auf fundamentale, alte Wahrheiten oder Lebensgesetze hinwies. Martin Luther wollte keinen äußeren, jedenfalls keinen *betont* äußeren, sondern einen *inneren* Kampf, er wollte nicht, daß das Äußerliche *unmittelbar*, gewaltsam, so wie es geworden war, bekämpft würde, sondern, daß dies ganz zuerst auf dem Wege eines innerlichen Ablehnens geschähe.

In einer unheimlichen Not kann immer nur etwas helfen, das allem *Alltäglichen* denkbar gegensätzlich ist und nur in verschwiegener Stille auflebt und zunehmend lebendiger wird. Eine solche Wandlung kann die allgemeinen Zustände einer endenden Kultur nicht so ohne weiteres entscheidend verändern sondern kann das immer nur, soweit die inneren Lebenskräfte, inneren Bewegungen, Anschauungen, Überzeugungen, Bestrebungen und dergleichen immer auch noch in einem lebendigen Kontakt mit den äußerlichen Kulturerscheinungen bleiben. Sie müssen diese Verbindungen halten, auch wenn die inneren Bewegungen während langer Zeit zurückgedrängt und bekämpft werden.

Der Glaube an *innere* Kultur ist ein Widerspruch in sich, soweit dieser Glaube nicht auch einen Glauben an die *äußere* Kultur und selbst an krankhafte Entartungen der Kultur umfaßt. Ohne diesen *Großmut* ist der Glaube an innere Kultur nicht weniger eine Kulturentartung wie der Glaube an das Nur-Äußerliche, ist die Auswirkung die gleiche: ein Kampf aller gegen alle.

Der Glaube an etwas ist *nicht* immer einer ausdrücklichen Bejahung gleich. Es ist hier immer unendlich schwer, das eine zu tun und das andere zu lassen. Auch Martin Luther widersprach nicht selten seinen inneren Überzeugungen, seiner inneren Stimme oder seinem »inneren Gewissen«, seinem eigensten inneren Wollen. Aber dies ändert nichts daran, daß er an die

Macht des »inneren Gewissens«, der inneren Stimme, der verschleierten, überdeckten, übertönten und darum schwer hörbaren, schwer verständlichen und schwer begreiflichen Worte, an die Macht des »reinen« Wortes, der *ursprünglichen* Worte oder an die Macht der *Grundwahrheiten* unbeirrbar glaubte. Damit stellte er sich - ebenso unbeirrbar - gegen die Macht aller abgeleiteten, konstruierten, *neu erdachten* Wahrheiten, aller *obenhin* mächtigen, hochtönenden und weithin hörbaren Worte, alles betont Oberflächlichen. Das innere gültige Gebot als solches gut zu erkennen und weitgehend zu befolgen, ist - wenn die Kultur blüht und gedeiht - nie ein besonderes Verdienst sondern gehört in solchen Zeiten zu den alltäglichen Selbstverständlichkeiten; ihr Blühen und Gedeihen setzt einfach ein ganz allgemein lebendiges Bejahen dieser Gebote voraus, setzt voraus, daß sie nichts äußere, ohne es auch *innerlich* tief zu bejahen und nicht nur äußerlich zwangsmäßig zu wollen. Wenn aber eine Kultur nicht blüht oder nicht gedeiht, wenn sie endet, krank oder lebensbedroht ist, dann ist weit mehr als nur ein *alltägliches* Denken, *Erkennen*, Verstehen und Wollen nötig, um den Glauben an innerste Lebensbewegungen und Überzeugungen höher werten zu können als den Glauben an betont Äußerliches.

Selbst für einen Martin Luther würde es gegenüber der heutigen Kulturwende Europas unvergleichlich viel schwerer sein, die Betonungen äußerlichen Geschehens und oberflächlichen Weltverstehens und Wollens erfolgreich zu bekämpfen und das Gewissen zu aktivieren. Es kann nur - und es muß - im Glauben an ein zukunftsreiches Europa angenommen werden, daß auch im Verlaufe dieser Kulturwende schließlich eine höchste Wertung gerade der tiefinnerlichen Überzeugungen und eines innersten Lehrens siegreich sein wird. Das würde im Sinne der Lutherischen Gesamtlehre und im Sinne *aller* Lehren aller Geisteshelden jeder Kulturwende sein.

Es wird uns heute wenig oder nichts helfen, es wird uns allermeistens nur noch mehr bedrohen, als wir schon bedroht sind, wenn es etwa heißen würde: Wir müssen so oder so sein, dies oder jenes tun oder dies oder jenes nicht tun, sondern soweit wir nicht gewissermaßen ganz unwillkürlich unseren tiefinnerlichen Lebensbewegungen entsprechend, unseren tiefinnerlichen Stimmen nach den richtigen Weg gehen, werden wir uns immer mehr ins Dunkle verlieren. Entweder wir folgen sehr andächtig so etwas wie einer göttlichen Stimme in uns oder wir kommen nie ins Helle. Dies ist nicht - wie es vielleicht scheint - eine billige Redensart sondern ist eine Wahrheit, die uns durch unser heutiges Leben und Treiben fast auf Schritt und Tritt bestätigt wird.

Die innere Stimme, die innere Überzeugung wie auch das persönliche Gewissen ist ein Menschliches, das dem Menschen ganz natürlich ist; es ist ihm genau wie sein »persönliches Wesen« »von Natur her« gegeben. Folglich entwickelt er auch, je mehr er darauf hört, ein um so lebendigeres Verhältnis zu allem Naturgegebenen, wie er sich umgekehrt von allem Natürlichen und ganz zuerst von allem menschlich Natürlichen zwangsläufig immer um so mehr entfernt, je mehr er seine innere Stimme, seine inneren Überzeugungen und sein persönliches Gewissen unterdrückt oder zu verleugnen sucht.

Es bleibt uns zunächst immer nur der Glaube an so etwas wie an ein neuweltliches gesundes Werden aus dunklen Lebenstiefen her. Aber dieser Glaube kann unmöglich durch etwas anderes als durch *Erscheinungen* oder *Dinge* oder *Wandlungen* gestützt werden, die auf etwas hin zielen, das ungefähr allem *gegensätzlich* ist, was bisher im Verlaufe unserer jüngsten Weltgeschichte sich mehr und mehr betonte.

Die Entwicklungsgrenzen
des Großstädtischen

Aller bisherigen Kulturgeschichte nach war jede tiefgehende und umfassende Kulturbewegung, jede Kulturwende, jeder Anfang einer neuen und jedes Enden einer alten Kulturwelt immer gleichbedeutend mit lebendigen baulichen Interessen und baulicher Betriebsamkeit.

Alles Bauen aber ist *zuerst* und *zuletzt* ein *Siedeln.* Deshalb sind auch dort, wo eine Kultur beginnt - also zuerst -, ebenso wie dort, wo eine Kultur endet - also zuletzt -, alle baulichen Bewegungen dem wesentlichen nach Siedlungsbewegungen. Dort sind überhaupt alle entscheidenden Kulturfragen, so unbestimmt oder verworren sie auch sein mögen, näher betrachtet und praktisch genommen immer nur Siedlungsfragen; sie allein beziehen sich auf die Zukunft und neben ihnen sind alle sonstigen baulichen Einzelerscheinungen immer in einem höchsten Maße lärmend oberflächlich und trumpfig. Sie sind End- oder Untergangserscheinungen, wie auch der Turmbau zu Babel und die trumpfigen Kathedralbauten der Spätgotik den Untergang von Kulturwelten symbolisieren.

Als die mittelalterliche Kultur endete kämpfte sie vor allem - wenn auch sehr unbewußt - um den weiteren

Bestand, die weitere Geltung und Entwicklung einer speziellen Siedlungsart und -form, andererseits war aller Kampf *gegen* das endende Mittelalter - ebenso unbewußt - praktisch genommen vor allem ein Kampf *gegen* die mittelalterlichen Städte als Hochburgen alles Mittelalterlichen. Und so geht es auch mit den heutigen europäischen Veränderungen - eigentlich selbstverständlich, ob wir wollen oder nicht - ganz zuerst gegen die Hochburgen der Renaissance, also gegen die *vorstädtisch* betonten und entarteten Stadtanlagen oder Stadtwelten, deren letzte Form die Großstadt und die großstädtische Welt ist.

Es wurde bereits gesagt: Der Kampf gegen die mittelalterlichen Städte äußerte sich vor allem dadurch, daß das Wesentlichste der mittelalterlichen Siedlungsform, die festumgrenzte mittelalterliche Stadt, gesprengt wurde und daß außerhalb »vor den Toren« in einem unbegrenzten Raum und unter neuartigen Voraussetzungen ein wesentlich neuartiges Bauen und Siedeln begann. Das Entscheidende für das Werden und für alle Entwicklungen der nachmittelalterlichen Kultur war - praktisch genommen - immer, daß sie die Kultur in einen *neuen* Raum verlegte, daß sie leidenschaftlich einen Raum besiedelte, der vorher für das Mittelalter und seine Entwicklungen kulturell wesentlich nicht in Betracht gekommen war.

Der Prozeß des *Endens* jeder einzelnen Kulturwelt bekommt gerade dadurch so etwas wie einen besonderen Schwung, daß sie den Kulturraum, den sie jahrhundertelang immer und als allein richtig wertete, nun verbissen zu rechtfertigen und zu verbessern, herrlicher zu bebauen und zu besiedeln sucht, als er je besiedelt wurde. Alles neue *Werden* einer Kultur ist dagegen immer um so lebendiger und schließlich um so *fruchtbarer*, je neuartiger der Raum ist, den sie besiedelt.

Jede betont neuartige Siedlungswelt ist aber immer auch in sehr wichtigen Hinsichten primitiver Art. Und gerade dieserwegen wehrt sich jede endende Kultur, für die es immer wesentlich ist, unmittelbar Allerhöchstes zu bilden oder haben zu wollen, bis zuletzt äußerst heftig gegen jede eindeutige Raumverlagerung. Für sie ist immer besonders kennzeichnend, daß sie das Siedlungsbild, das ihr vorauf immer schon eigentümlich war und das sie vorauf immer schon sehr betonte und entwickelte, nun außerordentlich betrieblich spezialistisch zu verbessern und zu verherrlichen sucht und daß sie, je eifernder sie das tut, um so weniger an ein überhaupt neuartiges Siedlungsbild glaubt. Und so siedelt auch das heutige Europa, das den Endprozeß der besondersartigen nachmittelalterlichen Kulturwelt erlebt, den offiziellen Siedlungsbewegungen nach durchaus nicht in der Absicht, diesem Enden zu fliehen, sondern gerade umgekehrt: Es verharrt in dem Glauben, dieses Siedeln könne das Enden verhindern und dafür sei es ein besonders gutes Mittel, diese besondersartige nachmittelalterliche Kultur zu erhalten und zu entwickeln. So unterstehen weiterhin alle gewichtigen Siedlungsbewegungen des heutigen Europa der *großstädtischen Führung* und den betont großstädtischen *Interessen*. Dabei konnte und kann es nicht ausbleiben, daß unsere Siedlungswelten - unsere Großstädte, Kleinstädte und Dörfer - im Verlaufe der Entwicklungen der allerjüngsten Geschichte zunehmend charakterloser wurden und weiterhin werden.

Die Siedlungsform aus Dörfern, Klein- und Großstädten gilt heute allen großen Kulturwelten als die letztmögliche Siedlungsgesamtform und gilt von allen Formen, die Menschen bisher bildeten, als die stabilste und allgemein gültigste. Es scheint unmöglich zu sein, daß diese einmal bestehende Form anders werden oder etwa, daß das Dorf oder die Kleinstadt oder die Großstadt ganz verschwinden könnte, und es scheint nur möglich zu sein, die bereits bestehenden Siedlungsformen auch zukünftig, ebenso wie bisher, nur noch erfinderisch *variieren* zu können.

Vorläufig erscheint es als völlig unsinnig, an die Möglickeit einer überhaupt ganz neuartigen Siedlungsform zu glauben, also etwa an eine Siedlung, die weder Dorf noch Kleinstadt noch Großstadt wäre. Es scheint bereits abwegig zu sein, an eine solche Möglichkeit auch nur ernsthaft zu denken oder überhaupt eine Veränderung der Gesamt-Siedlungsform als eine irgendwie wichtige *Aufgabe* verstehen zu wollen. Es ist aber ebenso unmöglich, unsere allgemeinen Lebens- oder Kulturfragen nur einigermaßen handfest und allgemein überzeugend zu beantworten, ohne gleichzeitig auch fast alle unsere bisherigen groß- und größtgesellschaftlichen Siedlungsformen als überlebt zu erklären.

Je mehr und unruhiger die Menscheit heute überall fragt, wohin das alles führen möge und je unbestimmter die Antworten werden, die sie erhält, um so deutlicher ist es, daß das Regiment der Großstädte endet und die Entwicklung in Zukunft in den Händen wesentlich anderer als großstädtischer Lebenswelten sein wird.

Die Verneinung von Kulturformen, die bisher allgemein als ein gesicherter Kulturbesitz galten, mag zunächst als sehr lächerlich erscheinen. Es würde uns vielleicht nicht weiter viel kümmern, wenn unsere üblichen *Wohnungsformen* scharf kritisiert würden, aber zu behaupten, daß Dorf und Stadt und Großstadt überlebt seien, klingt wie eine Verhöhnung aller Vernunft. Die ganze Menschheitsgeschichte scheint solcher Behauptung zu widersprechen, scheint die Gesamt-Siedlungsform aus Dorf, Stadt und Großstadt für ewig gültig zu halten. Und doch gibt es auf unsere heutigen allgemeinen Lebens- und Kulturfragen keine handfesten Antworten, ohne daß diese sich nicht ganz zuerst und ausgesprochen *gegen* eine weitere *Entwicklung* unserer Siedlungsformen richten.

Bei einem Wandel wird die Großstadt bestehen bleiben, wie die Kleinstadt bestehen blieb, nachdem ihre Kulturführung sich zu einer großstädtischen gewandelt hatte und wie das Dorf bestehen blieb, nachdem an seiner Stelle die Kleinstadt die Welt regierte, denn: Was einmal großweltgültig war, das bleibt auch großweltgültig; nur die Dauer seiner eigentlichen Kulturführung ist zeitlich begrenzt.

Das Großstädtische hat seine bestimmten Entwicklungsgrenzen, und die Grenzen aller speziell großstädtischen Entwicklungsmöglichkeiten liegen bereits greifbar nahe. Die menschliche Kultur wird in verhältnismäßig naher Zukunft schon führende Weltbilder ergeben, die sich von allen betont großstädtischen Weltbildern nicht weniger unterscheiden werden, wie diese sich von allen kleinstädtischen und dörflichen Weltbildern unterscheiden. Von den vielen gewaltigen Veränderungen der menschlichen Kultur während der letzten 200 Jahre waren zweifellos die Veränderungen der großstädtischen Welten überall die gewaltigsten. Und von allen zu erwartenden Veränderungen werden zweifellos diejenigen am größten und am umwälzendsten sein, denen die Großstädte heute in aller Welt gegenüberstehen.

Wenn der bisherigen Menschheitsgeschichte nach selbst die entwicklungsreichsten Kulturwelten noch nie über das Großstädtische erfolgreich oder zukunftsreich hinausgekommen sind, so beweist diese Tatsache nicht, daß das Großstädtische überhaupt unüberwindlich sei. Aus ihrem Zugrundegehen kann der Beweis für eine besondere *Schwäche* des Großstädtischen gesehen werden, was aber nicht ohne weiteres auch ein Beweis für die größere *Kraft* eines Übergroßstädtischen oder die größere Weltmacht eines Außergroßstädtischen ist. Alles beweist nur, daß die erfolgreiche Überwindung des Großstädtischen ein *größeres* Entwicklungsvermögen voraussetzt, als die bisherigen einzelnen großen Kulturwelten hatten. In jedem Falle - es wurde bereits gesagt - ist auch in der Tiefe unserer Zivilisation seit langer Zeit bereits ein Werden lebendig, das allen betont wissens- und willensgläubigen fiebernd betrieblichen, allen führenden Anschauungen und Bestrebungen, das heißt auch allen wesentlich großstädtischen Lebenswelten, entgegengesetzt ist und das - wenn auch zunächst noch kaum erkennbar - zunehmend mächtiger wird.

Dies beweist zwar nicht, daß den heutigen Zuständen unserer Zivilisation so etwas wie eine Renaissance folgen wird, aber berechtigt wohl, an eine solche zu glauben und damit auch an das Werden einer durchaus neuartigen Siedlungswelt. Von einer solchen aus gesehen werden dann alle eigentlichen großstädtischen Lebenswelten sehr ähnlich als veraltet gelten, wie von der Renaissance aus gesehen alles Mittelalter mit seinen mittelalterlichen Stadtwelten immer als veraltet galt.

Europa wird - allem heutigen Glauben an seine bisherige Siedlungsform spottend - nicht nur wesentlich anders siedeln als es bisher siedelte, sondern neben seiner zukünftigen Siedlungswelt wird die bisherige Siedlungswelt so wenig gelten, wie dem jüngeren Europa neben der Großstadt die Kleinstadt galt. Jedenfalls: Entweder es wird so sein oder Europa wird nicht mehr sein.

Allerdings, wie diese andere Siedlungsform, diese andere großgesellschaftliche Gemeinschaftswelt sein könnte oder sein wird, ist eine Frage, die sich heute so wenig beantworten läßt, wie sich alle großweltlichen Fragen beantworten lassen, wenn sie kaum im ersten Aufdämmern sind.

Inwieweit die heutige Welt von dem Werden einer neuartigen Siedlungsform weiß oder wie weit sie wissentlich an ein solches Werden glaubt, ist für das Werden nicht entscheidend. Diesem Werden steht das menschliche Wissen, stehen wissentlicher Glaube, wissentliches Wollen oder Nichtwollen so machtlos gegenüber wie der Tatsache, daß die Menscheit ununterbrochen *älter* wird. Die gesetzmäßige und eindeutige Folge der bisherigen Siedlungswelten ist als ein Be-

weis für ein zukünftiges Werden neuartiger Siedlungswelten und Siedlungsformen zu werten.

Die großstädtischen Welten haben »die Welt aufgeschlossen«, »die Welt erobert«, die Menschheit handgreiflich als ein »Einheitliches« verdeutlicht. Neben dieser Tatsache wird alles, was sie sonst noch machten
und schufen, werden auch besonders sie selbst - ob
sie das wollen oder nicht - sehr bald ganz nebensächlich sein. Die »Völkerwanderung«, die unter dem Re-
gime der endenden Großstädte schon seit langer Zeit
einsetzte und ununterbrochen lebendiger wurde, wird
sehr bald alle Widerstände überfluten, die sich ihnen
heute noch entgegenstellen; sie ist in ihren Auswirkungen überhaupt noch nicht - oder auch nur ungefähr - zu übersehen. Sicher ist nur, daß diese Völkerwanderung die menschlichen Anschauungen, das Verhalten des Menschen zu den Menschen und zu den
Dingen, die menschlichen Lebensformen und dergleichen unabänderlich, sehr schnell und dermaßen verändern wird, daß die Menschheit in kurzem ungefähr
wie eine neue Menschheit sein wird.

Ohne diesen Wandlungsprozeß lebendig zu berücksichtigen, der unmittelbar die gesamte menschliche
Kultur angeht und alle ihre Lebensbilder sehr bald entscheidend bestimmen wird, muß heute alles, was auch
nur über eine nahe Zukunft hinaus noch lebendig sein
soll, notwendig mißlingen.

Alle zukunftsreichen Kulturerneuerungen können immer erst *jenseits* der endenden Kultur sein; sie können erst wieder sein, nachdem die Natur - vor allem
die menschliche Natur - über die endende Kultur sieg-
te und nachdem das menschlich Selbstverständliche -

nicht das »irgendwie« Selbstverständliche -, das Edle, das Noble, das, was allein den Menschen berechtigt, sich als menschlich zu bezeichnen, alles besiegte, was in der endenden Kultur dominierte und regierte.

Lebensdaten

Heinrich Tessenow wurde am 7. April 1876 in Rostock geboren.
Mit Recht kann gesagt werden, daß er sein ganzes Leben über
dem Lande seiner Geburt, Mecklenburg, anhing. Mit Ausnahme
der ersten Wanderjahre war er stets dort zu Hause. Auch wenn
seine Lehrtätigkeit außerhalb dieses Landes lag, sein Wohnsitz
blieb immer Neubrandenburg. Hier wurde er bereits vor dem
1. Weltkrieg ansässig und hier erwarb er um 1920 herum ein großes, altes Bürgerhaus, das er für sich und seine Familie herrich-
tete. In den Semesterferien kehrte er stets nach Neubrandenburg
zurück um in Ruhe zu arbeiten, und dabei entstand gewiß auch
viel von seinem schriftlichen Werk. Erst am Ende des 2. Weltkrie-
ges zog er sich, um der durch die Kriegsereignisse dort eingetre-
tenen Unruhe zu entgehen, nach Siemitz bei Güstrow auf eine
Häuslerei zurück. Er blieb in Mecklenburg.

7. April 1876	Geboren in Rostock
1894-1897	Zimmermannslehre und Besuch einer Baugewerkschule
1900-1901	Hörer an der Technischen Hochschule, München
1902-1903	Lehrer an den Baugewerkschulen Lüchow und Sternberg
1905-1909	Lehrer an der Schule in Trier
1910-1913	Mitarbeiter an der Gartenstadt Hellerau bei Dresden, Bau von Wohnhäusern und der Bildungsanstalt für rhythmische Gymnastik
1913-1919	Professor an der Kunstgewerbeschule in Wien
1919-1920	Wieder in Hellerau. Gründung der Handwerker-Gemeinde
1920	Mitglied der preußischen Akademie der bildenden Künste
1920-1926	Professor an der Akademie der Künste in Dresden
1926-1941	Professor an der Technischen Hochschule, Berlin. Gleichzeitig bis 1934 Leiter eines Meisterateliers an der Akademie der Bildenden Künste, Berlin.
1930	Umbau und Ausgestaltung von Schinkels »Neuer Wache« Unter den Linden in Berlin zum Ehrenmal für die Gefallenen des Ersten Weltkrieges
1936	Leiter eines Meisterateliers der Preußischen Akademie der Bildenden Künste, Berlin.
1945	Wiederaufnahme der Professur an der Technischen Hochschule, Berlin.
1. Nov. 1950	Gestorben in Berlin.